lelivrescolaire.fr
Éditeur de manuels scolaires collaboratifs et innovants

Histoire-Géographie + Enseignement moral et civique 1re

BAC PRO

CAHIER

Certifié PEFC

Ce livre est issu de forêts gérées durablement et de sources contrôlées.

PEFC 10-32-2813

pefc-france.org

IMPRIM'VERT Votre imprimeur agit pour l'environnement

La communauté d'auteurs

lelivrescolaire.fr

Sous la coordination de

Florian Besson, professeur (13) et docteur en histoire

Olivier Lopez, professeur au Lycée professionnel Les Ferrages (13) et docteur en histoire

Thomas Doublier, professeur au Lycée professionnel Louis-Antoine de Bougainville (44)

Notre comité scientifique

Pierre-Yves Beaurepaire-Hernandez, professeur d'histoire, Université Côte-d'Azur

Anne-Lise Boyer, professeur agrégée et docteur en géographie, ENS Lyon

Vincent Flauraud, maître de conférences en histoire, Université Clermont-Auvergne

8 Auteurs **32** Coauteurs

6 Auteurs harmonisateurs

... ont participé à l'écriture de cette collection d'Histoire-Géographie-EMC !

Académie d'Aix-Marseille

Carine Chardès, professeure au Lycée professionnel Les Ferrages (13)

Laurent Dion, professeur au Lycée professionnel Antonin Artaud (13)

Nora Latroch, professeure au Lycée professionnel Pierre Mendès-France (13)

Gwenhaëlle Marec, professeure au Lycée professionnel Le Rocher (13)

Académie d'Amiens

Fabien Crinon, professeur au Lycée professionnel Jean-Paul II (60)

Académie de Besançon

Jennifer Briault, professeure au Lycée professionnel Raoul Follereau (90)

Carole Raffin, professeure au Lycée professionnel Saint-Pierre Fourier (70)

Académie de Clermont-Ferrand

Nadège Magne, professeure au Lycée professionnel Albert Einstein (03)

Académie de Créteil

Fadi El Hage, professeur au Lycée professionnel François Rabelais (93)

Léa Maveyraud, professeure au Lycée professionnel Robert Schuman (94)

Académie de Dijon

Marion Petit, professeure au Lycée professionnel Niepce-Balleure (71)

Académie de Grenoble

Mélanie Barbier, professeure à la Direction Diocésaine de l'Enseignement Catholique de l'Isère (38)

Alexandra Cadegiani, professeure au Lycée professionnel Pablo Neruda (38)

Jérémy Grousseau, professeur au Lycée professionnel Sainte-Geneviève (73)

Académie de La Réunion

Éric Lauret, professeur au Lycée professionnel de l'Horizon (974)

Académie de Lille

Alain Blaszkiewicz, professeur au Lycée professionnel Voltaire (62)

Franck Luczak, professeur au Lycée professionnel Savary-Ferry (62)

Pauline Tiron, professeure au Lycée professionnel des Monts de Flandres (59)

Académie de Limoges

Joëlle Monier-Baldinho, professeure au Lycée polyvalent Simone Veil (19)

Académie de Lyon

Guillaume Boucharlat, professeur au Lycée professionnel André Cuzin (69)

Mylène Da Silva, professeure au Lycée professionnel François Cevert (69)

Laurent Galopin, professeur au Lycée professionnel Benoît Charvet (42)

Académie de Montpellier

Chloé Disch-Muller, professeure au Lycée Campus CCI Gard (30)

Caroline Séjalon, professeure au Lycée professionnel Jules Fil (11)

Académie de Nancy-Metz

Alexandre Jastrzebski, professeur au Lycée professionnel Alfred Mézières (54)

Raphaël Sève, professeur au Lycée professionnel Simon Lazard (57)

Académie de Nantes

Anne-Cécile Dufourg, professeure au Lycée professionnel Pierre et Marie Curie (53)

Katia Souchu, professeure au Lycée professionnel Nazareth (72)

Académie de Nice

Patricia Parisot, professeure à l'IPFM - CFA régional campus La Seyne sur Mer - Chambre des métiers et de l'artisanat (83)

Académie de Normandie

Emmanuel Dubosq, professeur au Lycée professionnel Clément Ader (27)

Antoine Vaillant, professeur au Lycée professionnel Clément Ader (27)

Samuel Verstraete, professeur au Lycée professionnel Risle-Seine (27)

Académie de Paris

Guillaume Cuvelier, professeur au Lycée professionnel Saint-Nicolas (75)

Frantz Kichenassamy, professeur au Lycée professionnel Léonard de Vinci (75)

Académie de Rennes

Virginie Le Calvez, professeure au Lycée professionnel Dupuy de Lome (29)

Blandine Moy, professeure au Collège Pierre Brossolette (35)

Françoise Riou, professeure au Lycée professionnel Saint-Gabriel (29)

Académie de Reims

Damien Boulonnais, professeur au Lycée professionnel Simone Veil (08)

Académie de Strasbourg

Marie-Sophie Remy, professeure au Lycée des métiers - lycée professionnel Jean-Frédéric Oberlin (67)

Académie de Toulouse

Estelle Soler, professeure au Lycée professionnel Marie-Louise Dissard Françoise (31)

Agnès Val Barbier, professeure au Lycée professionnel Pardailhan (32)

Académie de Versailles

Thomas Defoy, professeur au Lycée professionnel Jean-Pierre Timbaud (91)

Adeline Guillou, professeure au Lycée professionnel Marguerite Yourcenar (91)

Raphaël Luciani, professeur au Lycée professionnel Virginia Henderson (95)

Julie Rolland, professeure au Lycée professionnel Nikola Tesla (91)

Françoise Tabtab-Gerbino, professeure au Lycée professionnel Charles Baudelaire (91)

À la découverte du Cahier d'Histoire-Géographie-EMC Première Bac Pro !

Un cahier flexible, centré sur les capacités, les notions et les repères

- 160 pages qui couvrent l'ensemble des cinq thèmes au programme.
- Des fiches détachables pour un usage plus souple.
- Tous les documents accessibles gratuitement et vidéoprojetables en classe.

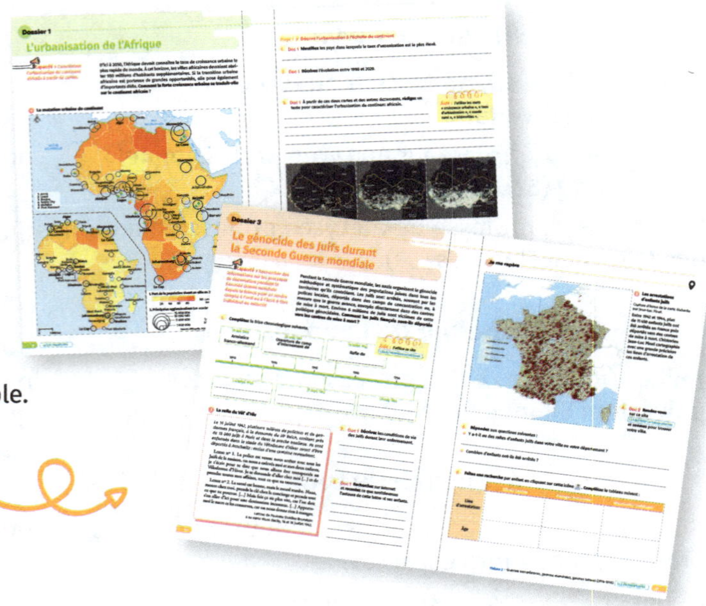

Des activités variées, axées sur les capacités

- Pour chaque thème, quatre à six dossiers abordant les problématiques du programme avec des documents attractifs.
- Toutes les capacités du programme traitées de façon accessible et guidée.
- Des questionnements progressifs et des parcours différenciés pour varier les approches et mieux prendre en compte l'hétérogénéité des classes.

Le cours en capsules

L'essentiel du cours en vidéo et en podcast sur LLS.fr/HG1PCours.

Numérique

Des ressources complémentaires et des contenus enrichis à retrouver sur lelivrescolaire.fr.

Vers le débat

Des rubriques pour s'entraîner à argumenter à l'oral de façon convaincante.

Les cours et les repères : cap sur la mémorisation !

- Un cours structuré et clair, qui fait le point sur les notions et les repères du programme.
- Des documents essentiels pour mémoriser les grandes problématiques étudiées en cours.
- Des cartes et des frises synthétiques questionnées pour mettre en perspective les enjeux du thème.

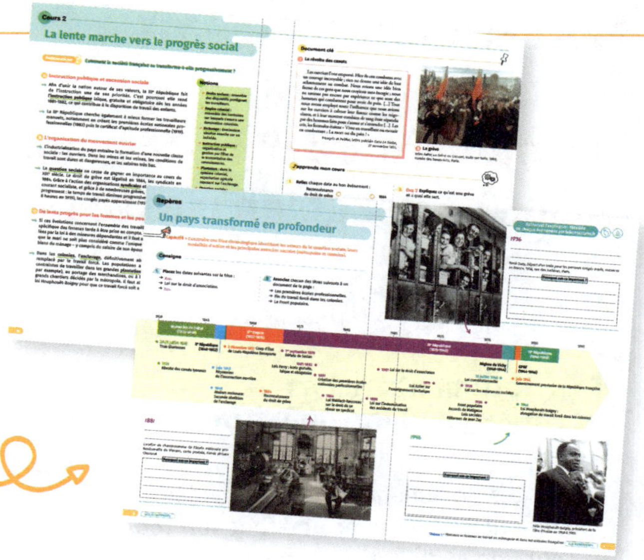

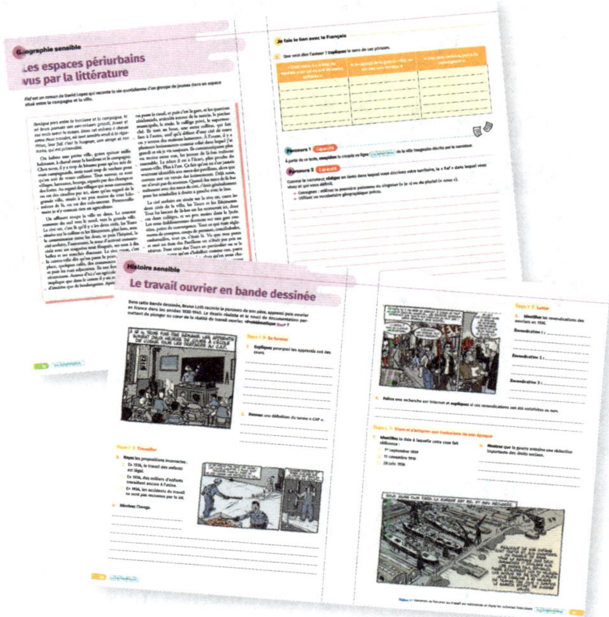

Des activités innovantes

- Une activité « Histoire sensible » ou « Géographie sensible » pour découvrir une œuvre d'art, une chanson ou un extrait littéraire sous le prisme de l'Histoire ou de la Géographie.
- Des activités numériques ludiques pour varier les supports et approfondir les compétences pix.

FOCUS BAC

Je révise

- Des exercices courts et variés pour ancrer les repères et notions du thème.

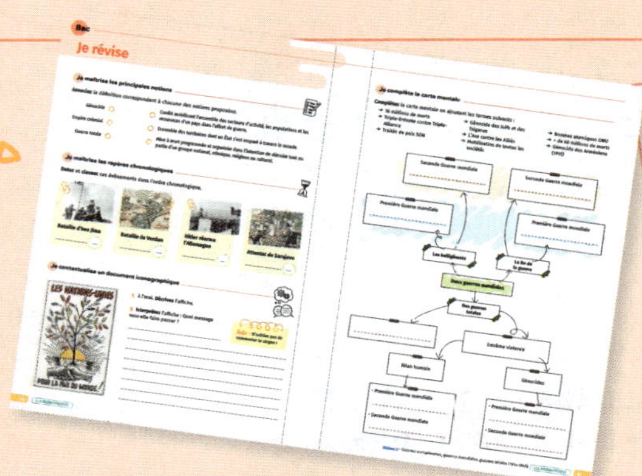

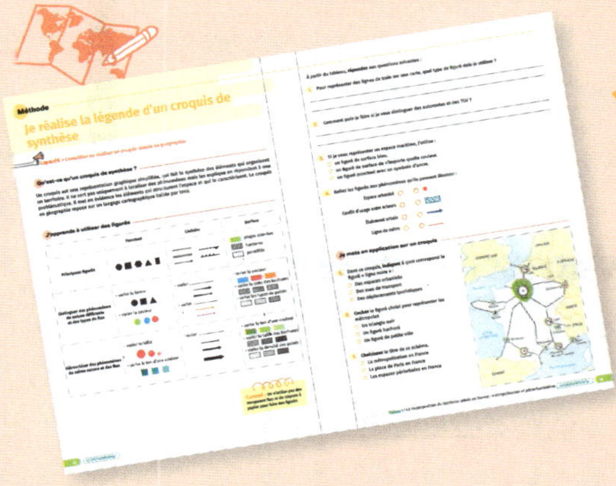

Des pages Méthode Bac

- Chaque thème comporte une page de méthode guidée.
- Des allers-retours entre la méthode et la mise en application pour acquérir les bons réflexes pas à pas.

Le numérique dans le manuel, pour un usage en classe ou à la maison

Sur lelivrescolaire.fr, tous les contenus sont en libre accès : pas besoin d'identifiant pour les consulter, et c'est gratuit ! Essayez !

Des documents riches et variés en haute définition

- Tous les documents sont projetables en haute définition, avec une fonction zoom pour une exploitation optimale en classe.
- Des cartes et frises interactives, des images et des graphiques animés vous permettent de visualiser les données et de se repérer dans l'espace et dans le temps.
- De nombreuses ressources complémentaires (vidéos pour introduire le cours, extraits de films, BD, etc.) sont accessibles en classe ou à la maison. Retrouvez-les sur LLS.fr/HG1PPadletRessources.

Des mini-url pour naviguer simplement

- En vous rendant sur notre site Internet lelivrescolaire.fr, vous accédez simplement et gratuitement à tous les contenus de vos manuels d'histoire-géographie-EMC ! La mini-url que vous trouvez en bas de chaque page du manuel vous mènera directement sur la page concernée.
- Un large choix de contenus supplémentaires est disponible en ligne et téléchargeable gratuitement au format PDF.

Des cartes et des frises vraiment interactives

- Les cartes sont optimisées pour une utilisation en classe, avec un haut degré de précision et de nombreuses possibilités d'affichage.
- Retrouvez sur LLS.fr/FondsDeCarte une banque de fonds de carte.

Des parcours numériques pour préparer la certification Pix

- Une activité numérique par thème pour accompagner et valider l'acquisition des compétences numériques.
- Des activités conçues pour préparer à la certification pix de façon ludique.

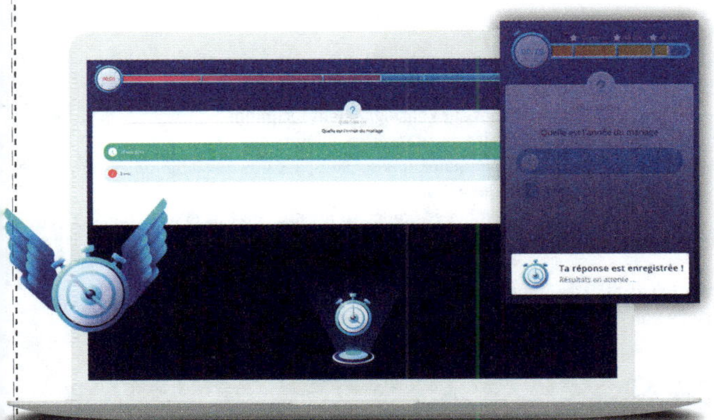

De nouveaux outils pour s'entraîner seul ou en classe

- Des schémas et des cartes mentales interactifs disponibles en ligne : annoter, compléter, personnaliser : tout devient possible !
- Des quiz inédits Chronoquiz sont disponibles pour tous sur le site, en introduction de chaque thème pour remobiliser les acquis, ou en fin de thème.

L'essentiel du cours en vidéo et en podcast

- Sur chaque thème, une vidéo résume le cours de manière synthétique et dynamique. Pour mémoriser efficacement et réviser autrement ! LLS.fr/HG1PCours
- Le cours lu façon podcast, pour mieux mémoriser l'essentiel, partout et tout le temps !

Des milliers de ressources accessibles librement

- Retrouvez un moteur de recherche rassemblant des milliers d'images, de vidéos, d'articles et de documents, accessible sur LLS.fr/Ressources.

Histoire États et sociétés en mutations (XIXe siècle - 1re moitié du XXe siècle)

Thème 1 : Hommes et femmes au travail en métropole et dans les colonies françaises (XIXe siècle - 1 moitié du XXe siècle)

Notions et mots-clés	Capacités	Repères
# Agriculture # Artisanat # Droits sociaux # Exode rural # Féminisation des emplois # Industrialisation # Instruction publique # Plantations # Question sociale # Syndicat # Usine **Notions et mots-clés déjà mobilisées dans le cycle de formation** # Empire colonial # Esclavage	› **Construire** une frise chronologique identifiant les acteurs de la question sociale, leurs modalités d'action et les principales avancées sociales sur la période étudiée (métropole et colonies). › **Contextualiser** une/des œuvre(s) mettant en scène des femmes ou des hommes au travail pour conduire une analyse historique. › **Raconter** individuellement ou collectivement le quotidien d'une femme ou d'un homme au travail au XIXe siècle ou dans la première moitié du XXe siècle à partir de recherches dans la région du lycée des élèves (écomusées, musées et patrimoine industriel, agricole, archives locales, mémoires orales et récits ouvriers par exemple).	› 1831 : Révolte des canuts lyonnais. › 1848 : Ateliers nationaux et seconde abolition de l'esclavage en France. › 1864 : Reconnaissance du droit de grève. › 1881-82 : Lois Ferry : Jules Ferry et l'école gratuite, laïque, et obligatoire. › Décret de création des premières écoles nationales professionnelles. › 1884 : Loi Waldeck-Rousseau sur le droit de se réunir en syndicat. › 1898 : Loi sur l'indemnisation des accidents du travail. › 1901 : Loi sur le droit d'association. › 1919 : Loi Astier sur l'enseignement technique. › 1928 : Loi sur les assurances sociales. › 1936 : Front populaire, lois sociales, accords de Matignon et réformes de Jean Zay. › 1946 : Loi Houphouët-Boigny, abrogation du travail forcé dans les colonies.

- Lien avec l'histoire : « Métiers, compagnons, compagnonnage et chef-d'œuvre au XIXe siècle » (classe de seconde)
- Lien avec le français : « Lire et suivre un personnage : itinéraires romanesques » (classe de première) et « Dire, écrire, lire le métier » (co-intervention).

Thème 2 : Guerres européennes, guerres mondiales, guerres totales (1914 - 1945)

Notions et mots-clés	Capacités	Repères
# Anticolonialisme # Antisémitisme # France libre # Génocide # Guerre mondiale # Guerre totale # Propagande # SDN, ONU **Notions et mots-clés déjà mobilisées dans le cycle de formation** # Empire colonial	› **Compléter et mettre en relation** deux cartes présentant la dimension mondiale des deux guerres (fronts, rôle des empires coloniaux). › **Confronter** des points de vue sur les traités de paix des années 1920. › **Raconter** l'engagement d'un acteur défenseur de la paix. › **Rechercher** des informations sur les processus de déportation pendant la Seconde Guerre mondiale depuis la France (par exemple de la région du lycée) pour en rendre compte à l'oral ou à l'écrit à titre individuel ou collectif.	› 1914-18 : Grande Guerre. › 1915 : Génocide des Arméniens et d'autres populations chrétiennes de l'Empire ottoman. › 28 juin 1919 : Signature du traité de Versailles. › 1937 : Début de la guerre en Asie (agression du Japon contre la Chine). › 30 septembre 1938 : Accords de Munich. › 1939-1945 : Seconde Guerre mondiale ; génocides des Juifs et des Tsiganes. › 18 juin 1940 : Appel du général de Gaulle › 28 août 1940 : Brazzaville, capitale de la France libre. › 1943 : Publication du Manifeste du peuple algérien. › 8 mai 1945 : Fin de la Seconde Guerre mondiale en Europe, massacres de Sétif et Guelma. › 26 juin 1945 : Charte de San Francisco (Création de l'ONU). › 6 et 9 août 1945 : Bombardements atomiques sur Hiroshima et Nagasaki.

- Lien avec l'histoire : « Hommes et femmes au travail en métropole et dans les colonies françaises (XIXe siècle - 1re moitié du XXe siècle) » (classe de première) et « Vivre en France en démocratie depuis 1945 » (classe terminale).

Géographie Recompositions du monde

Thème 1 : La recomposition du territoire urbain en France : métropolisation et périurbanisation

Notions et mots-clés	Capacités	Repères
# Aires urbaines # Aménagement # Conflits d'usage # Habiter # Objectifs de développement durable # Espace périurbain # Pôle urbain # Espace rural	› **Analyser** un paysage urbain ou périurbain à partir d'une photographie ou une image satellite pour réaliser le croquis d'un aménagement. › **Décrire et expliquer** les mobilités et les activités du quotidien d'un habitant d'une métropole ou d'une commune périurbaine (à l'oral ou à l'écrit).	› Une dizaine d'aires urbaines françaises parmi les plus peuplées. › Les principaux pôles urbains. › Les acteurs participant à l'aménagement des territoires à toutes les échelles. › Les espaces périurbains dans la région administrative de l'élève.

Notions et mots-clés déjà mobilisées dans le cycle de formation	Capacités	Repères
# Développement durable # Mobilité	› **Identifier** les acteurs intervenant dans l'aménagement d'un territoire périurbain (schéma, texte...). › **Confronter** des points de vue sur un aménagement périurbain (débat) en exerçant son esprit critique.	› Un espace périurbain dynamique et un espace périurbain en difficulté (si possible dans le territoire de proximité de l'élève). › Les espaces d'activité (ZAC, ZI par exemple) dans les communes périurbaines : identification des espaces d'activité.

- Lien avec le français : « Créer, fabriquer : l'invention et l'imaginaire » (classe de première).
- Lien avec l'EMC : « Égalité et fraternité en démocratie » (classe de première).

Thème 2 : L'Afrique, un continent en recomposition

Notions et mots-clés	Capacités	Repères
# Développement # Gouvernance # Recompositions territoriales # Ressources # Zone économique spéciale	› **Situer** quelques ressources stratégiques (eau, énergie, matières premières par exemple) en Afrique. › **Caractériser** l'urbanisation du continent africain à partir de cartes. › **Rendre compte** à l'oral de manière individuelle ou collective des stratégies d'implantation de la Chine en Afrique.	› L'aire régionale africaine étudiée : quelques métropoles, un État pour l'aire africaine, un axe de circulation. › Une puissance émergente (Chine ou Inde). › Les principaux États africains disposant de ressources énergétiques et minières. › Les principaux États africains qui reçoivent des prêts chinois (Soudan, Afrique du Sud, Angola, Algérie, Nigéria, Mozambique, Éthiopie). › Les lieux de passage commerciaux stratégiques terrestres et maritimes en Afrique. › Quelques aménagements d'infrastructures de transport réalisés en Afrique avec des financements étrangers (chinois ou européens). › Trois ports stratégiques (Mombasa, Djibouti, Port-Soudan) des « nouvelles routes de la soie ».

- Lien avec l'histoire : « L'expansion du monde connu (XVe - XVIIIe siècles) » (classe de seconde).

Enseignement moral et civique Égalité et fraternité en démocratie

Thème 1 : Égaux et fraternels

Notions et mots-clés	Repères et références sur les formes du débat
# Cohésion nationale # Dignité # Discrimination # Égalité # Fraternité # Impôt # Justice sociale # Service national universel # Suffrage universel	› 1928 : Fondation à Paris de la Ligue internationale contre l'antisémitisme (LICA) devenue LICRA en 1932. › 1944 : Droit de vote des femmes. › 1945 : Création de la sécurité sociale. › 1947 : Plan Langevin-Wallon. › 1972 : Loi relative à la lutte contre le racisme. › 1975 : Loi sur l'intégration des personnes handicapées. › 1985 : Ouverture du premier « Resto du cœur ». › 1986 : Loi Roudy sur l'égalité professionnelle entre les hommes et les femmes. › 1990 : Loi Gayssot tendant à réprimer tout acte raciste, antisémite ou xénophobe. › 1988 : Création du revenu minimum d'insertion (devenu revenu de solidarité active en 2009). › 2000 : Loi relative à la solidarité et au renouvellement urbain (SRU). › 2005 : Loi pour l'égalité des droits et des chances, la participation et la citoyenneté des personnes handicapées. › 2006 : Plan Solidarité grand âge. › 2007 : Charte des droits fondamentaux de l'Union européenne. › 2014 : Loi pour l'égalité réelle entre les hommes et les femmes.

Thème 2 : Préserver la paix et protéger des valeurs communes : défense et sécurité en France et en Europe

Notions et mots-clés	Repères et références sur les formes du débat
# Conscription # Coopération # Politique européenne de sécurité et de défense (PESD) # Sécurité # Terrorisme	› Déclaration des droits de l'Homme et du citoyen du 26 août 1789 (art.12). › 1992 : Traité de Maastricht : création de la politique étrangère et de sécurité commune (PESC). Création de l'Eurocorps qui regroupe cinq États membres. › 1997 : Suspension du service national. › 1998 : Sommet franco-britannique de Saint-Malo : création de la politique européenne de sécurité et de défense (PESD). › 2003 : Première opération de l'Union européenne en Macédoine. › 2009 : Création du Conseil de défense et de sécurité nationale. › 2016 : Sommet de Varsovie (coopération OTAN-UE) et implication directe de la Commission européenne dans les questions de défense. › 2018 : Création du service national universel (SNU).

Histoire

THÈME 1

Hommes et femmes au travail en métropole et dans les colonies françaises (XIXe siècle - 1re moitié du XXe siècle)

p. 18

THÈME 2

Guerres européennes, guerres mondiales, guerres totales (1914 - 1945)

p. 42

Géographie

THÈME 2

L'Afrique, un continent en recomposition

p. 96

THÈME 1

La recomposition du territoire urbain en France : métropolisation et périurbanisation

p. 70

Enseignement moral et civique

THÈME 1

Égaux et fraternels

p. 120

THÈME 2

Préserver la paix et protéger des valeurs communes : défense et sécurité en France et en Europe

p. 136

Retrouvez des pistes pour mettre en œuvre la co-intervention sur notre Padlet collaboratif LLS.fr/HG1PPadletCoInter.

Parcours numériques

genially

Histoire

Thème 1 •
De la Creuse à la capitale : Martin Nadaud, un maçon à l'assemblée LLS.fr/HG1PParcours1

Thème 2 •
« La der des der » : des monuments aux morts... et à la paix ? LLS.fr/HG1PParcours2

Géographie

Thème 1 •
Habiter les espaces périurbains LLS.fr/HG1PParcours3

Thème 2 •
Afrique express, sur les nouvelles routes de la soie LLS.fr/HG1PParcours4

EMC

Thème 1 •
Plongée dans les finances de l'État : participez à l'élaboration du budget LLS.fr/HG1PParcours5

Thème 2 •
À l'assaut des pirates dans le golfe d'Aden LLS.fr/HG1PParcours6

Retrouvez de nombreuses ressources complémentaires (vidéos pour introduire le cours, extraits de films, BD, etc.) sur LLS.fr/HG1PPadletRessources.

Capacités

Histoire

Géographie

Méthode **Bac**

Comment réviser ?

Le travail doit être effectué de manière régulière pour faciliter l'apprentissage et améliorer la mémorisation. Il faut donc, le soir, relire ou résumer ses cours de la journée afin d'en retenir les éléments importants et de mieux comprendre le cours suivant.

La révision sera facilitée si...

- votre cahier ou classeur est bien tenu, bien organisé, et que vous écrivez proprement ;
- vous avez fait l'effort de rattraper les cours en cas d'absence ;
- vous avez été attentif pendant les cours, posé des questions pour bien comprendre et fait un effort de mémorisation chaque soir.

Réviser un thème, c'est...

- relire et résumer les cours, bilans, synthèses, pour apprendre et retenir les éléments clés ;
- relire les documents qui ont été proposés à chaque cours, prendre le temps de relire les cartes, les documents iconographiques, les textes, et faire l'effort d'essayer de se rappeler ce qui a été dit à leur sujet ;
- répondre de nouveau aux questions qui ont été posées en classe : si vous maîtrisez bien le thème, vous devez être capable d'analyser correctement un document que vous avez déjà étudié.

Comment progresser tout au long de l'année ?

- Votre manuel comprend de nombreuses fiches méthode, en lien avec les capacités qui doivent être travaillées pour l'examen. Prenez l'habitude de les utiliser tout au long de l'année pour acquérir les bons réflexes !
- Efforcez-vous de comprendre les éléments clés de chaque dossier et mémorisez-les : si vous avez compris les grands enjeux d'un thème d'étude, vous comprendrez pourquoi, le jour de l'examen, certains documents vous sont proposés.

Comment travailler en groupe ?

Travailler en groupe permet de confronter des idées et de mettre à profit les qualités de chacun. Ce mode de travail nécessite une bonne organisation et quelques règles simples.

Quelques conseils pour bien travailler en équipe

Trouver sa place

Chaque membre du groupe a sa personnalité, mais chacun a sa place dans une équipe (organisation, recherche documentaire, créativité, etc.). Il est important de prendre le temps d'identifier les points forts et les savoir-faire que chacun peut mettre au service du groupe.

Se mettre d'accord

Lorsque l'on travaille à plusieurs, on n'est pas toujours d'accord. Apprendre à articuler son travail avec celui des autres, discuter, expliquer, défendre un point de vue, argumenter sont des compétences nécessaires, notamment dans le monde professionnel. L'essentiel est d'écouter les autres et de trouver des solutions communes.

Outils numériques

Quelques outils numériques utiles pour le travail collaboratif

- **Framapad** : pour tenir une liste de ressources ou rédiger à plusieurs ;
- **Framindmap** : pour organiser vos idées autour d'une carte mentale ;
- **Padlet** : pour épingler des ressources sur un mur collaboratif ;
- **Trello** : pour se répartir les tâches et suivre l'avancée de chacun dans un projet ;
- **WeTransfer** : pour partager de gros fichiers.

Se répartir le travail

Pour qu'un groupe fonctionne efficacement, il est important de répartir le travail en fonction des points forts de chacun.

S'entraider

Si l'un des membres du groupe est bloqué, le plus utile est de lui venir en aide. Écouter ses difficultés, lui expliquer comment réaliser une tâche sont des principes importants qui tirent l'ensemble du groupe vers le haut.

Quelques conseils pour le travail collaboratif

- **Lister collectivement les tâches** à accomplir et proposer une division possible du travail, en fonction des points forts de chacun.
- **Définir dans le détail** les tâches que chacun doit effectuer pour que le travail soit optimisé.
- Si le travail se fait sur plusieurs semaines, **fixer un planning** et des dates de réunion pour faire le point sur l'avancée de chaque membre du groupe. Cela vous permettra d'anticiper les difficultés éventuelles.
- Le plus important, quand on travaille en groupe, c'est de **bien communiquer**. Échangez régulièrement ensemble sur votre projet, soutenez-vous et encouragez-vous !
- Que ce soit au CDI, en salle info, en cours ou à la maison, penser à **noter avec précision les sources** consultées et les informations issues de ces ressources.

Numérique

Retrouvez une fiche méthode : « Comment analyser un document ? » LLS.fr/HGTPP21.

Méthode Bac

Comment débattre à l'oral ?

En EMC, vous allez travailler à partir de corpus documentaires et de situations qui vous mèneront vers le débat. Un débat n'est pas une simple discussion, mais un échange d'arguments qui suit des règles. En voici quelques-unes !

Le débat

L'objectif est de faire progresser la réflexion collective et de réfléchir à l'intérêt général, au-delà des intérêts particuliers.

Avant le débat :
> Lisez ou écoutez attentivement le sujet du débat.
> Définissez les mots-clés du sujet.
> Identifiez des ressources pour trouver vos arguments et les idées principales.

Les règles du débat :
> Chacun a droit à la parole.
> Toute prise de parole doit être argumentée.
> Chaque élève est responsable de ce qu'il dit.
> La priorité est donnée à celui qui n'a pas encore parlé.

Les rôles dans un débat :
> Le président de séance présente le sujet et les intervenants et distribue la parole.
> L'assistant du président gère le temps et rappelle à l'ordre ceux qui s'éloignent du sujet.
> Les rapporteurs écrivent un résumé des interventions sur une feuille ou au tableau.
> Les débatteurs ont pour mission de faire avancer le débat.

	Je ne l'ai pas fait	Je peux progresser	Je suis satisfait
J'ai pris la parole	☐	☐	☐
J'ai demandé la parole en levant la main	☐	☐	☐
J'ai parlé distinctement	☐	☐	☐
J'ai écouté mes camarades	☐	☐	☐
J'ai apporté un argument nouveau	☐	☐	☐
J'ai utilisé un exemple précis	☐	☐	☐
J'ai constaté que mon point de vue a évolué	☐	☐	☐

L'oral

Présenter des arguments pour convaincre :
> Chaque membre du groupe doit participer : répartissez-vous la parole.
> Parlez assez fort et en articulant, afin d'être entendu par tous.
> Regardez votre interlocuteur ou votre auditoire.
> Mettez le ton afin de convaincre votre auditoire et ne parlez pas trop vite.
> Si vous utilisez un support de présentation (diaporama, vidéo, etc.), intégrez-le à votre oral et expliquez ce qu'il apporte. N'écrivez pas votre texte mais servez-vous du support pour présenter des documents qui complètent votre propos !

	Je ne l'ai pas fait	Je peux progresser	Je suis satisfait
J'ai pris la parole	☐	☐	☐
J'ai parlé fort et en articulant	☐	☐	☐
J'ai regardé mon auditoire	☐	☐	☐
J'ai été enthousiaste et dynamique	☐	☐	☐
J'ai répondu aux questions posées	☐	☐	☐
J'ai écouté les autres	☐	☐	☐

Numérique

Retrouvez des cartes de jeu pour l'organisation d'un débat sur LLS.fr/HGTPJeuDeRole.

Comment argumenter ?

Savoir argumenter permet de convaincre quelqu'un et de présenter votre point de vue de façon justifiée. Une bonne argumentation est au fondement de l'art de bien parler, mais aussi de la clarté de la pensée. Nécessaires dans les différents exercices scolaires, ces qualités sont également fondamentales tout au long de notre vie.

Présenter une argumentation

Énoncez clairement la thèse que vous cherchez à défendre
Une thèse est une opinion donnée sur un sujet. Dites le plus clairement possible ce que vous voulez prouver. Essayez d'exprimer votre idée en une seule phrase : un sujet, un verbe, un complément.

Appuyez-vous sur des faits et des preuves
Une bonne argumentation ne repose pas sur des opinions, ni sur des sentiments (dire que l'on aime ou pas, ou que « c'est bien » ou non...), mais sur des arguments et des faits, que l'on peut prouver avec des éléments concrets, vérifiables et objectifs. Les exemples permettent d'illustrer et de valider vos arguments. À l'écrit comme à l'oral, utilisez de nombreux exemples précis pour appuyer votre démonstration.

Restez concentré sur le sujet
Il faut absolument éviter de dériver vers un autre sujet, ce qui arrive souvent, à l'écrit comme à l'oral. Pensez à vous relire régulièrement et demandez-vous en permanence si les arguments que vous avancez ont un rapport avec le sujet initial. Une idée doit être exprimée en une seule phrase et les mots du sujet ou du thème doivent apparaître le plus souvent possible.

Attaquez les idées, pas votre interlocuteur !
À l'oral, concentrez-vous sur les idées, pas sur la personnalité de votre interlocuteur. Soyez toujours calme, mesuré et respectueux de la parole de l'autre.

Quelques connecteurs logiques pour...

Commencer : tout d'abord, en premier lieu (... en second lieu), premièrement (... deuxièmement)

Ajouter (un argument, un exemple) : ensuite, en outre, de plus, par ailleurs

Établir une alternative : d'une part ..., d'autre part ; l'un(e) / les un(e)s... l'autre / les autres, certains, quelques-un(e)s

Illustrer : par exemple, d'ailleurs, ainsi, comme, notamment, en particulier, c'est le cas de

Expliquer, justifier : parce que, en effet, effectivement, car, en raison de, grâce à, à cause de, puisque, étant donné que

Réfuter : bien que, alors que, même si, tandis que, malgré, au contraire, cependant, en revanche, toutefois, pourtant, néanmoins, malgré tout, en réalité, en vérité

Concéder : si, certes, bien sûr, évidemment, sans doute, même si, il est vrai que, il faut bien reconnaître que, malgré

Conclure : ainsi, enfin, en conclusion, pour conclure, finalement, donc

Numérique

Retrouvez une fiche méthode : « Comment faire une recherche Internet ? » LLS.fr/HGTPP20.

THÈME 1

Hommes et femmes au travail en métropole et dans les colonies françaises (XIXe siècle - 1re moitié du XXe siècle)

Longtemps, le monde du travail a été dominé par les activités agricoles. Entre industrialisation et urbanisation, crises agricoles et mécanisation, abolition de l'esclavage dans les colonies et développement du secteur tertiaire, il va profondément évoluer et faire évoluer la société française.

Problématique **Quelles sont les principales transformations du monde du travail en France et dans les colonies entre le XIXe et le milieu du XXe siècle ?**

Image interactive

1 Les moissons au XIXe siècle

Léon Lhermitte, *La Fenaison*, 1887, huile sur toile, 215,9 x 265,8 cm, Van Gogh Museum, Amsterdam.

À l'oral

Qu'est-ce que ces deux documents vous permettent de dire sur l'évolution du travail agricole en France entre les années 1880 et les années 1920 ?

Je compare deux documents

1. **Doc 1 et 2** **Relevez** les points communs et les différences entre ces deux documents.

....

....

....

....

....

2 Les moissons au XXe siècle

Illustration pour un calendrier publicitaire [détail], *Machines Champion*, 1912.

Je teste mes connaissances

Quand l'esclavage est-il définitivement aboli en France ?	Quand les lois scolaires de Jules Ferry sont-elles adoptées ?	À quelle date les accords de Matignon, sous le Front populaire, sont-ils conclus ?
☐ 1794	☐ Dans les années 1780	☐ 1914
☐ 1848	☐ Dans les années 1850	☐ 1929
☐ 1944	☐ Dans les années 1880	☐ 1936

Je découvre trois acteurs clés de la période

Jules Ferry

Dates : ....

Fonctions : ....

Importance historique : ....

La CGT

Dates : ....

Fonctions : ....

Importance historique : ....

Le Front Populaire

Dates : ....

Fonctions : ....

Importance historique : ....

Bac Je travaille les capacités suivantes...

Je construis une frise chronologique identifiant les acteurs de la question sociale, leurs modalités d'action et les principales avancées sociales. **p. 30**	☐ Je maîtrise	☐ Je dois approfondir
Je contextualise une œuvre mettant en scène des femmes ou des hommes au travail. **p. 36**	☐ Je maîtrise	☐ Je dois approfondir
Je raconte individuellement ou collectivement le quotidien d'une femme ou d'un homme au travail au XIXe siècle ou dans la 1re moitié du XXe siècle. **p. 26**	☐ Je maîtrise	☐ Je dois approfondir

Repères

Un pays transformé en profondeur

Compétence > Identifier et nommer les dates et acteurs des grands événements.

Consignes

1. Placez les dates suivantes sur la frise :
- → Lois Ferry.
- → Loi sur le droit d'association.

2. Associez chacun des titres suivants à un document de la page :
- → Les premières écoles professionnelles.
- → Fin du travail forcé dans les colonies.
- → Le Front populaire.

1830 — 1840 — 1850 — 1860 — 1870 — 1880 — 1890

Monarchie de Juillet (1830-1848)

IIe République (1848-1852)

IInd Empire (1852-1870)

1881-1882 ● ....

● **1831** Révolte des canuts lyonnais

● **juin 1848** Répression de l'insurrection ouvrière

1881 ● Création des premières écoles nationales professionnelles

1848 ● Ateliers nationaux ; Seconde abolition de l'esclavage

1864 ● Reconnaissance du droit de grève

1884 ● Loi Waldeck-Rousseau sur le droit de se réunir en syndicat

1898 Loi sur l'indemnisation des accidents du travail

1881

....

....

L'atelier de chaudronnerie de l'école nationale professionnelle de Vierzon, carte postale, Fonds Jérôme Charraud.

Pourquoi est-ce important ?

....

....

....

....

Retrouvez l'explication détaillée de chaque événement sur lelivrescolaire.fr

1936

....

....

René Dazy, *Départ d'un train pour les premiers congés payés, vacances en France*, 1936, rue des Archives, Paris.

Pourquoi est-ce important ?

....

....

....

....

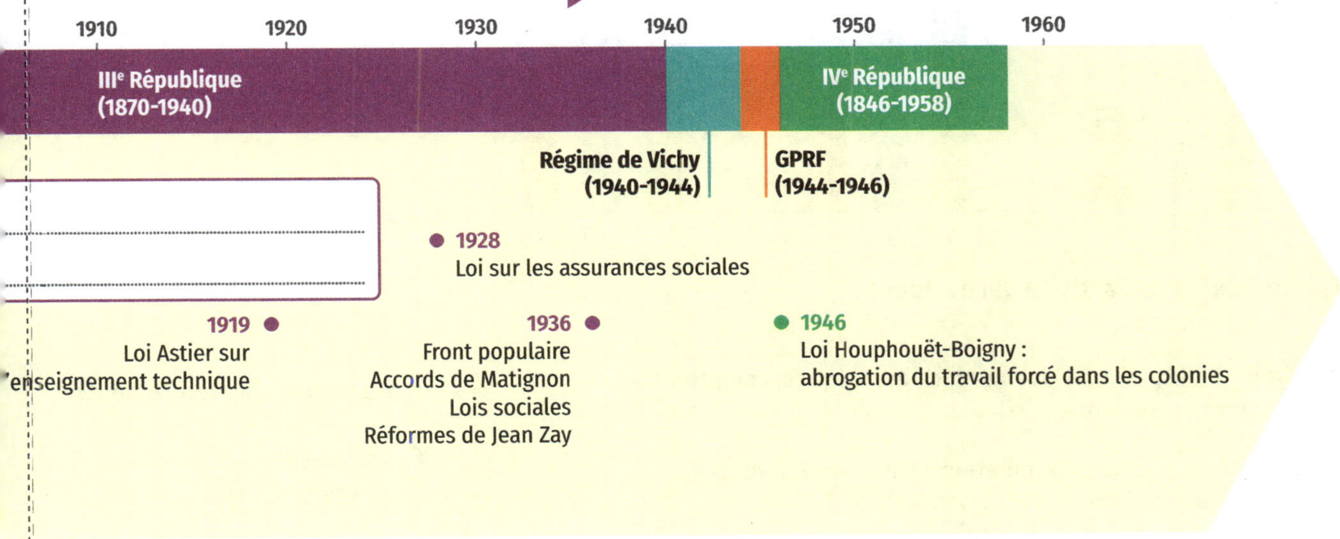

1946

....

....

Pourquoi est-ce important ?

....

....

....

....

Félix Houphouët-Boigny, président de la Côte d'Ivoire de 1960 à 1993, ici en visite à Paris en 1965..

Dossier 1

Les transformations du monde du travail

Alors que l'agriculture demeure le secteur d'emploi dominant jusqu'aux années 1930, la seconde moitié du XIXe siècle est marquée par l'émergence des secteurs secondaire et tertiaire. L'apparition des grandes industries, le développement des commerces et de l'État, dont le besoin en fonctionnaires augmente pour faire face à ses missions, bouleversent le monde du travail. **Comment le monde du travail se redéfinit-il entre le XIXe et le début du XXe siècle ?**

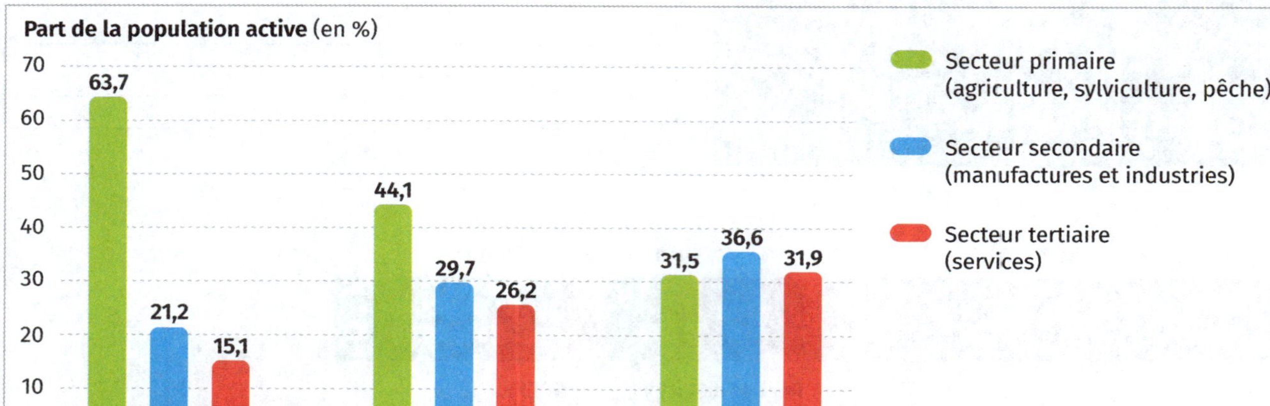

Source : d'après Olivier Marchand et Claude Thélot, *Deux siècles de travail en France*, Paris, INSEE, Études, 1991.

1 Des secteurs d'activité qui évoluent

1. Doc 1 En lisant attentivement les graphiques, **complétez** les phrases suivantes :

→ En 1821, ... de la population active travaillent dans le secteur primaire.

→ En 1931, ce secteur n'occupe plus que .... % de la population active.

→ En 1931, le secteur qui occupe le plus de travailleurs est le ....

2. Doc 2 Expliquez pourquoi les rendements agricoles augmentent alors que la main-d'œuvre agricole diminue.

Aide : Je compare les deux documents de la page d'ouverture pour identifier les principaux changements.

....

....

....

....

....

2 L'augmentation des rendements

Production de blé en Eure-et-Loir

1851-1855

1 588 471 hectolitres

1871-1875

2 216 112 hectolitres

Source : d'après Jean-Claude Farcy, « Le monde rural face au changement technique », *Histoire, économie et société*, 1983.

Illustration de Georges Dascher pour *La Vendeuse des grands magasins*, gravure, 1890.

3 L'apparition des grands magasins

Dès le début de l'œuvre, Émile Zola met en scène une jeune provinciale, Denise, qui découvre, à son arrivée à Paris, les grands magasins, ces nouveaux commerces qui se développent dans la seconde moitié du XIXe siècle.

Ce magasin rencontré brusquement, cette maison énorme pour elle, lui gonflait le cœur, la retenait, émue, intéressée, oublieuse du reste. Dans le pan coupé donnant sur la place Gaillon, la haute porte, toute en glace, montait jusqu'à l'entresol, au milieu d'une complication d'ornements, chargés de dorures. Deux figures allégoriques, deux femmes riantes, la gorge nue et renversée, déroulaient l'enseigne : Au Bonheur des Dames. Puis, les vitrines s'enfonçaient, longeaient la rue de la Michodière et la rue Neuve-Saint-Augustin, où elles occupaient, outre la maison d'angle, quatre autres maisons, deux à gauche, deux à droite, achetées et aménagées récemment. C'était un développement qui lui semblait sans fin, dans la fuite de la perspective, avec les étalages du rez-de-chaussée et les glaces sans tain de l'entresol, derrière lesquelles on voyait toute la vie intérieure des comptoirs. En haut, une demoiselle, habillée de soie, taillait un crayon, pendant que, près d'elle, deux autres dépliaient des manteaux de velours.

Émile Zola, *Au Bonheur des Dames*, 1883.

À explorer

Découvrez comment deux peintres présentent le travail ouvrier au XIXe siècle LLS.fr/HG1PTravailOuvrier.

3. Doc 3 Présentez le document en rédigeant quelques phrases. Donnez le nom de l'auteur, la nature du texte, sa date et son sujet.

....

....

....

....

....

....

....

....

....

....

....

4. Doc 3 Dans le texte, **surlignez** :

en rouge tous les éléments qui insistent sur la taille du grand magasin ;

en vert tous les éléments qui montrent la modernité du grand magasin ;

en bleu les éléments qui renvoient aux émotions de Denise.

5. Doc 3 Montrez en quoi l'apparition des grands magasins contribue à transformer le monde du travail.

....

....

....

....

....

....

....

....

....

....

Des campagnes à la ville : sur les chemins de l'exode rural

Pour améliorer leurs revenus, nombreux sont les travailleurs ruraux à partir sur les routes et à émigrer de façon temporaire. Progressivement, ce mouvement saisonnier laisse la place à des migrations définitives qui dépeuplent les campagnes : c'est l'exode rural. **Pourquoi les habitants des campagnes émigrent-ils vers les villes durant le XIXe siècle ?**

1 Les premiers pas d'un maçon émigrant

Fils d'un maçon, Martin Nadaud part pour Paris, aux côtés de son père, à l'âge de 14 ans.

Le plus ennuyeux pour nous, les jeunes, c'était de voir les vieux filer, sans pouvoir les suivre. Soumettre des enfants de treize à quatorze ans à de si dures épreuves me semblerait aujourd'hui de la dernière cruauté. Arrivés le soir à Issoudun, le quart d'entre nous était exténué de fatigue ; je m'étais mis dans la tête que le lendemain je ne pourrais pas entreprendre une marche semblable. Comme consolation, mon père me disait : « J'ai fait plus jeune que toi le voyage de la Vendée, et je ne pleurnichais pas, comme tu as l'air de le faire ». [...] Si le dîner fut confortable, il n'en fut pas de même du coucher. Ce soir-là, nous n'étions pas moins de cent Creusois venus de tous les points de notre département, et pour loger tout ce monde, on nous avait entassés environ une trentaine dans une chambre à moitié décarrelée, où nos lits étaient les uns sur les autres. Comme à Bordessoule, nous nous gardâmes bien de nous déshabiller car la malpropreté n'y était pas moins grande.

Martin Nadaud, *Mémoires de Léonard, ancien garçon maçon*, 1895.

2 Un long chemin vers Paris

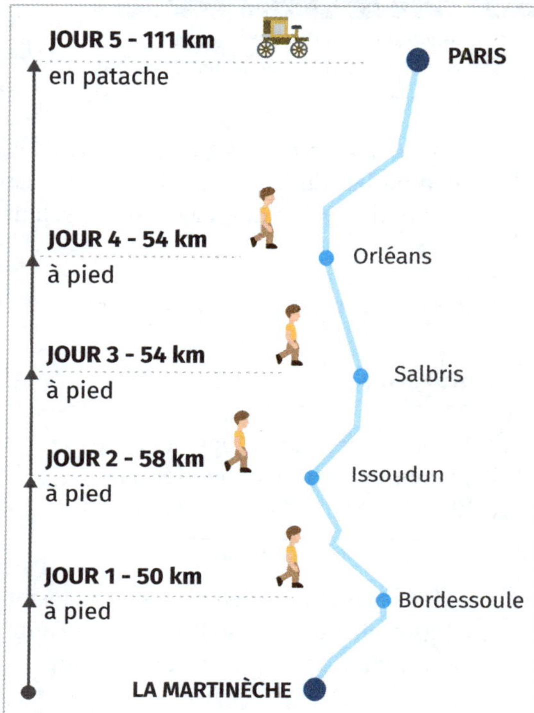

Source : d'après Martin Nadaud, *Mémoires de Léonard, ancien garçon maçon*, Bourganeuf, A. Duboueix, 1895.

1. **Doc 1 et 2** Combien de jours faut-il à l'époque à Martin Nadaud pour aller de la Creuse à Paris ?

....

2. **Doc 1 et 2** À l'aide d'une recherche personnelle et de Google Maps, **calculez** la durée du trajet aujourd'hui. Comment peut-on expliquer la différence ?

....

3. **Doc 1** Quelles sont les difficultés du trajet selon Martin Nadaud ?

....

....

3 L'essor de l'industrie nourricière

Terre de granit, pauvre et rude, le Morvan a, dès longtemps, été incapable de faire vivre ses habitants des seules ressources agricoles. Les Morvandiaux s'efforcèrent donc d'ajouter d'autres activités au travail de la terre, et, dès le début du XIXe siècle, au moins, l'industrie des nourrices, leur apporta un complément de ressources. Il s'agissait surtout alors d'enfants de la ville, parisiens notamment, placés chez l'habitant. [...] Mais le pays était éloigné de près de 300 km de la capitale, d'accès difficile, faute de bonnes routes, et l'industrie nourricière n'avait pu prendre un bien grand développement. Les choses changèrent dans le deuxième quart du XIXe siècle. [...] Des routes carrossables furent ouvertes à travers le massif [...]. De 1830 à 1850, la longueur totale des routes [...] du Morvan tripla, à la fin du siècle elle était décuplée [...]. Et surtout, la construction de voies ferrées passant à faible distance du Morvan [...] facilita et multiplia les relations avec la capitale. [...] Très vite, l'industrie nourricière prit de l'ampleur et s'augmenta d'une forme nouvelle. [...] L'émigration des nourrices, naguère exceptionnelle, et pratiquée seulement par les femmes les plus pauvres, prit un grand développement. Ce changement fut encouragé par de plus grandes possibilités de placement : au lieu que dans la première moitié du siècle, seules les Parisiennes riches ou malades prenaient des nourrices chez elles, sous le Second Empire « presque toutes les familles un peu aisées » voulurent avoir une nourrice à domicile.

André Armengaud, « Histoire rurale et démographie : les nourrices du Morvan au XIXe siècle », *Études et chronique de démographie historique*, 1964.

4. **Rayez** les mauvaises réponses. Le **doc 3** est :
- → un extrait de roman ;
- → un extrait d'autobiographie ;
- → un article de presse ;
- → un article écrit par un historien ;
- → un extrait d'une lettre.

5. Selon le **doc 3**, pourquoi « les choses changèrent-elles dans le deuxième quart du XIXe siècle » (l. 12-13) ?

....

....

....

....

....

....

....

6. **Doc 1 à 3** À partir de l'ensemble des documents, **complétez** le texte suivant :

Au XIXe siècle, l'.. s'intensifie.
Pour les habitants des ...., la ....
offre des .... et de nombreuses opportunités
économiques. Ces déplacements de population touchent des ....
.... de personnes et sont accélérés par l'apparition de nouveaux
...., comme le ....

Aide : J'utilise les mots suivants : campagnes, ville, emplois, exode rural, modes de transport, centaines de milliers, chemin de fer.

Dossier 3

Travailler au féminin

Capacité > Raconter individuellement ou collectivement le quotidien d'une femme ou d'un homme au travail au XIXe siècle ou dans la première moitié du XXe siècle.

Le travail féminin a toujours été une réalité, qu'il se fasse dans les champs, dans les boutiques ou à la maison. Avec la transformation du monde du travail, la place des femmes connaît aussi des changements majeurs et le travail féminin salarié prend de plus en plus d'importance. **Comment la place des femmes dans le monde du travail évolue-t-elle ?**

1 Les conditions de travail

Lucie Baud, ouvrière dans une filature de soie, témoigne des conditions de travail des femmes à la fin du XIXe et au début du XXe siècle.

Je suis entrée comme apprentie chez MM. Durand frères, au Péage-de-Vizille, au commencement de 1883. J'avais alors 12 ans. Il y avait, à cette époque, dans l'usine, environ 800 tisseuses. On y travaillait 12 heures, et quelquefois 13 et 14 heures par jour [...]. On arrivait à gagner de 130 à 150 francs par mois [...]. [L]'usine Permezel occupait, sur un total de 500 ouvrières, une proportion de 350 Italiennes. Ces pauvres femmes déclarèrent n'avoir jamais mangé à leur faim, depuis plusieurs années qu'elles travaillaient à l'usine Permezel.

Lucie Baud, « Les tisseuses de soie dans la région de Vizille », *Le Mouvement socialiste*, 1908.

1. Doc 1 Comment le travail à l'usine s'organise-t-il ? **Cochez** les bonnes réponses.

- ☐ Les ouvrières travaillent 8 heures par jour.
- ☐ L'usine emploie environ 800 tisseuses.
- ☐ Plusieurs centaines d'ouvrières viennent d'Italie.
- ☐ Les ouvrières sont très bien payées et bien nourries.

2. Doc 1 et 2 Complétez le texte en utilisant les mots suivants : droits sociaux, difficiles, main-d'œuvre, usines de soie, industrie.

Au XIXe siècle, l'.................................... est en plein essor et attire une abondante ...., venue des campagnes françaises ou des pays voisins. Des milliers d'ouvriers sont des femmes, qui travaillent notamment dans les .... Les conditions de vie sont .... : salaires peu élevés, journées de travail très longues, peu de ....

2 Des ouvrières dans une filature de soie

Filature Maison Rouge, musée des vallées cévenoles, date inconnue.

3 Des travailleuses indésirables ?

Dans le second XIXe siècle, avec la généralisation des machines qui exécutent elles-mêmes les travaux de force, le travail féminin s'impose dans les manufactures. Les femmes sont d'abord massivement employées dans les grandes fabriques textiles de Lyon, Lille et Mulhouse… où elles perçoivent un salaire souvent inférieur de moitié à celui des hommes.

Au départ, cette main-d'œuvre est déconsidérée. Médecins, économistes, enquêteurs sociaux… tous reprochent à l'ouvrière de ne plus être l'éducatrice de ses enfants et de négliger son foyer, incitant par là même son mari à se réfugier au cabaret. Mais durant la Grande Guerre, dès que les femmes doivent relayer les maris mobilisés, au champ comme à l'usine, spécialement dans les fabriques d'armement, le discours change. Les élites ne condamnent plus le travail féminin mais se préoccupent simplement de la santé des ouvrières et de l'encadrement de leurs loisirs pour les empêcher de verser dans la prostitution, communément appelée « cinquième quart » de la journée.

Myriam Tsikounas, « Femmes à l'usine », *L'Histoire par l'image*, 2007.

Activité numérique

Pour étudier le quotidien d'une ouvrière à l'époque, regardez le film ***Mélancolie ouvrière*, de Gérard Mordillat**. Grâce aux travaux de l'historienne Michelle Perrot, ce film retrace la vie de Lucie Baud et les luttes sociales auxquelles elle prit part LLS.fr/HG1PMelancolieOuvriere.

Parcours Capacité

3. Vous êtes une ouvrière travaillant dans une usine de soie en 1891. **Écrivez** une lettre à votre petite sœur, qui hésite à s'engager à l'usine : **racontez**-lui votre quotidien et encouragez-la, selon votre choix, à rester chez vos parents ou à venir travailler à vos côtés !

Ma très chère Pauline, ...

....

....

....

....

....

....

Plus à l'aise à l'oral ?

Préparez un brouillon à l'écrit en notant quelques mots-clés, quelques dates, quelques éléments importants, puis répondez à la question 3 en vous enregistrant sur votre téléphone ou à l'aide de LLS.fr/LaboAudio.

Aide : Je pense à mettre en avant les avantages (travail salarié, relative indépendance) mais aussi les fortes contraintes (travail difficile, salaire peu élevé, travail mal considéré par la société de l'époque).

Dossier 4

Le travail forcé dans les colonies françaises

En 1848, l'esclavage est définitivement aboli en France. Pourtant, dans les colonies, les populations autochtones demeurent contraintes de travailler pour la métropole. Le travail forcé n'est aboli qu'en 1946. **Comment la métropole parvient-elle à tirer profit de ses colonies ?**

1 Les empires coloniaux en Afrique en 1914

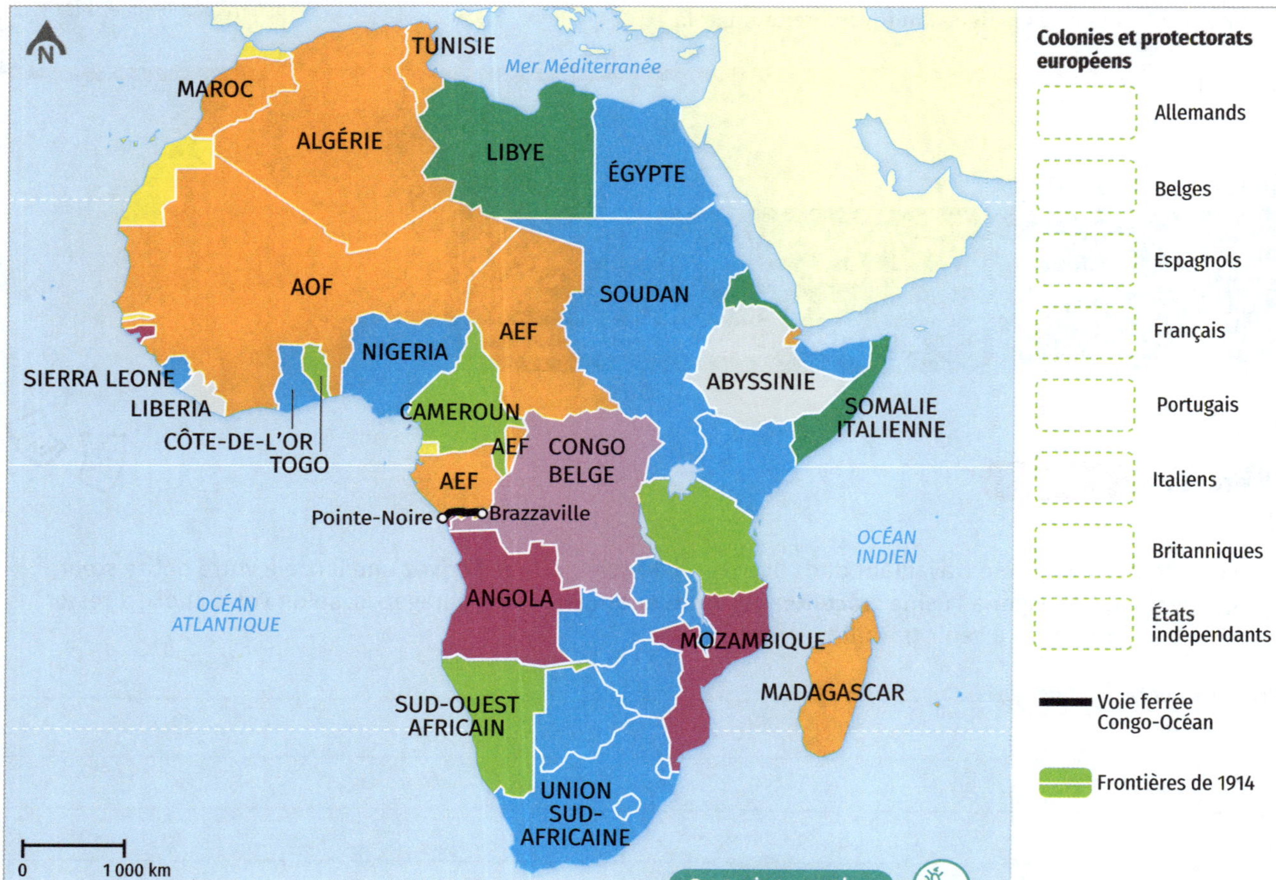

Carte interactive

1. **Doc 1** À partir d'une recherche sur Internet, **complétez** la légende en indiquant à quel pays correspond chaque couleur.

2. En 1914, quelles colonies la France possède-t-elle en Afrique ?

....

....

....

....

À lire

Albert Londres, *Terre d'ébène*, 1929.
Le grand reporter parcourt l'Afrique coloniale et découvre la violence dont les colons font preuve. Sa dénonciation du travail forcé fait scandale en métropole.

2 Le Congo-Océan : un chantier inhumain

Une du *Petit Journal illustré*, juillet 1924.

Ce vaste chantier, lancé en 1921, occupe des milliers d'hommes qui travaillent dans des conditions extrêmement difficiles. Le taux de mortalité peut atteindre 20 %.

3 Les conditions de travail dans les colonies

En Afrique française subsaharienne, au XXe siècle, les diverses formes de travail forcé [...], sont avant tout exercées au bénéfice de l'État colonial. [...] Il existe également des réquisitions de main-d'œuvre utilisée plus longtemps, loin du village, pour des grands travaux : routes, barrages, chemins de fer (en AEF[1], la construction du Congo-Océan, réputée avoir coûté *autant de morts que de traverses* et dénoncée par Albert Londres dans *Terre d'ébène*, 1929). [...]

Enfin, on évoquera les cultures obligatoires, liées à la volonté de développer des cultures d'exportation. Ainsi, des prestations de travail sont exigées dans les *champs du commandant*. Dans certains cas, cela n'excède pas un jour de travail par semaine. Dans d'autres, cela donna lieu à des abus criants dénoncés à plusieurs reprises, sans grand résultat, par les inspecteurs des colonies.

Bernard Salvaing, « Travail forcé dans les colonies européennes », *Encyclopédie pour une histoire nouvelle de l'Europe*, 2016.

1. L'AOF, ou Afrique occidentale française, et l'AEF, Afrique équatoriale française.

4 L'abolition du travail forcé

Le député Félix Houphouët-Boigny est à l'origine de cette loi supprimant le travail forcé dans les colonies françaises.

Loi n° 46-645 du 11 avril 1946 tendant à la suppression du travail forcé dans les territoires d'outre-mer.

Art. 1er. Le travail forcé ou obligatoire est interdit de façon absolue dans les territoires d'outre-mer.

Art. 2. Tous moyens ou procédés de contrainte directe ou indirecte aux fins d'embaucher ou de maintenir sur les lieux du travail un individu non consentant feront l'objet d'un texte répressif prévoyant des sanctions correctionnelles.

3. **Doc 2** **Décrivez** la scène représentée par l'image.

....

4. **Doc 2 à 4** Quelles sont les différentes formes de travail forcé dans les colonies ?

Première forme ....

....

Deuxième forme ....

....

5. À l'oral **Expliquez** quelle décision est prise en 1946.

Dossier 5

Les luttes sociales et la transformation du monde du travail

Capacité > Construire une frise chronologique identifiant les acteurs de la question sociale, leurs modalités d'action et les principales avancées sociales.

Confrontés à des conditions économiques difficiles, à des pressions du patronat et de l'autorité publique ou à des conditions de travail dangereuses, les ouvriers s'organisent et luttent pour obtenir de nouveaux droits. Les XIXe et XXe siècles sont marqués par des avancées importantes en matière sociale. **Comment les conflits sociaux permettent-ils d'améliorer les conditions de vie des travailleurs ?**

Aide : Une frise chronologique est un outil permettant de se repérer dans le temps. On la représente le plus souvent sous la forme d'une ligne, horizontale ou verticale, terminée par une flèche.

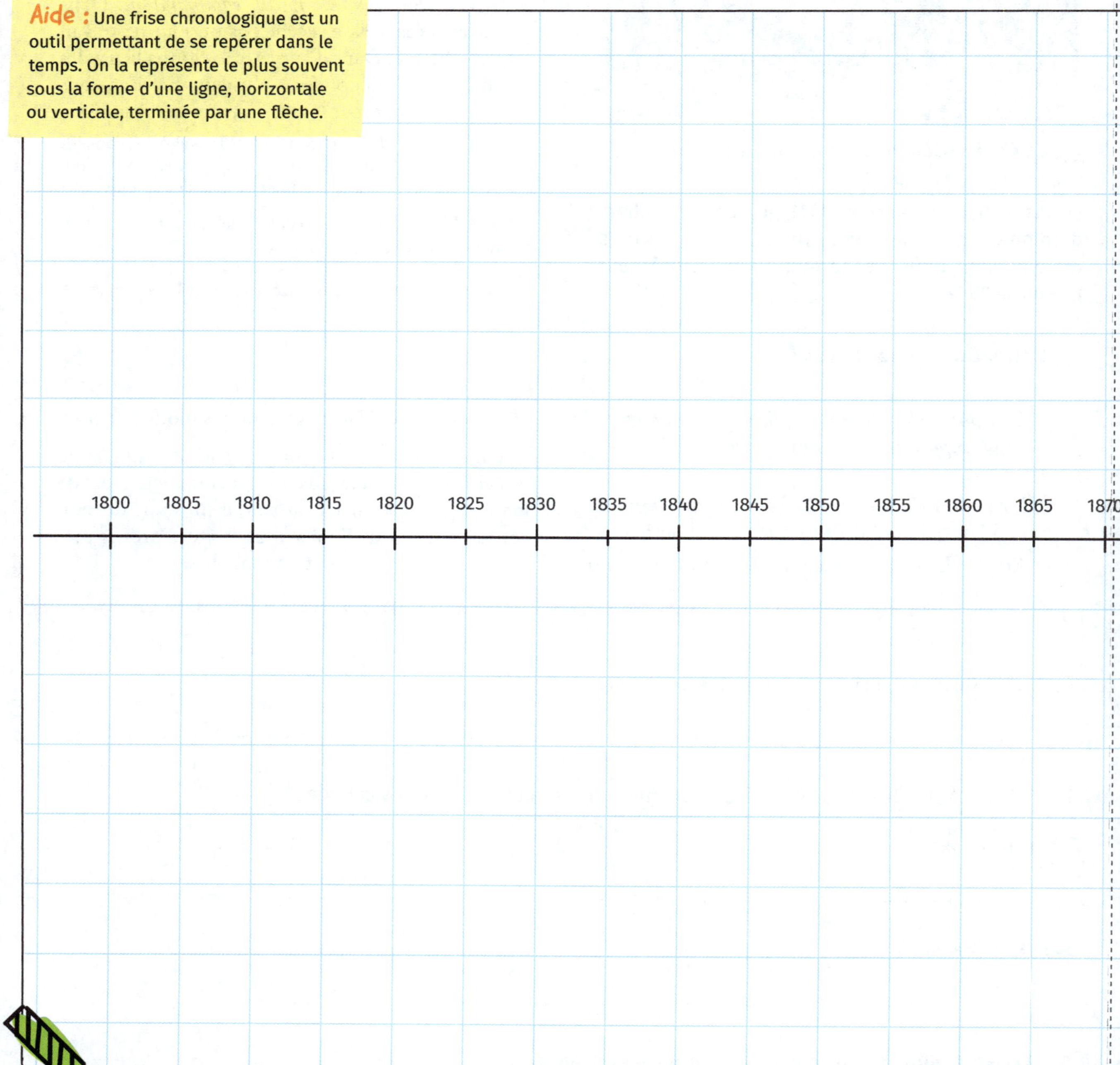

Je construis une frise chronologique

1. À l'aide du dossier LLS.fr/HG1PLuttesSociales, **complétez** les dates et éléments suivants et **placez**-les sur la frise ci-dessous :

→ **1946 :** abrogation du ...
→ **1936 :** accords de ... :
→ **1919 :** journée de travail de ... heures
→ **1910 :** retraite à ... ans
→ **1895 :** naissance de la ...
→ **1892 :** grève de ...

2. **Placez** les éléments suivants :

→ Création de l'inspection du travail
→ Interdiction du travail des enfants de moins de 8 ans
→ Loi sur la liberté syndicale

Numérique

Retrouvez la fiche méthode « Comment construire une frise chronologique » sur LLS.fr/HG1PFriseChrono.

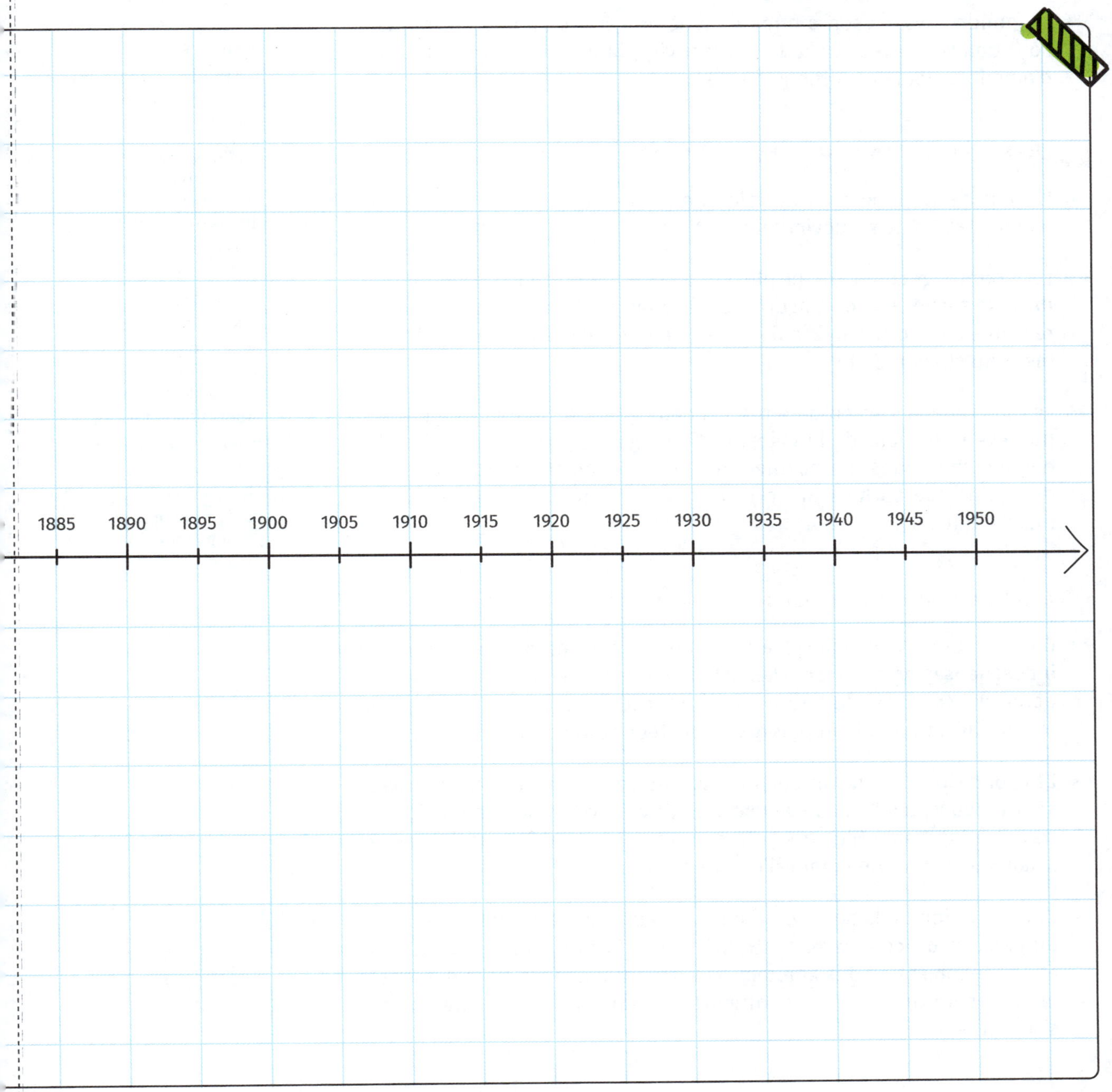

Cours 1

Des champs à l'usine

Problématique ? **Comment le monde du travail évolue-t-il aux XIXᵉ et XXᵉ siècles ?**

A Au XIXᵉ siècle, un pays essentiellement rural

→ Au milieu du XIXᵉ siècle, plus d'un actif sur deux travaille dans l'**agriculture** tandis que l'industrie et le bâtiment ne rassemblent qu'un quart de la population active et que le secteur tertiaire en rassemble moins d'un cinquième.

→ Le monde paysan est profondément hétérogène. De nombreux paysans sont obligés de recourir à la pluriactivité (industrie ou **artisanat**) afin d'améliorer leurs conditions de vie.

B Un XXᵉ siècle tourné vers les industries et les villes

→ La part de la population urbaine ne cesse d'augmenter à partir des années 1850. Elle ne devient majoritaire qu'à partir de 1931.

→ Le monde agricole connaît plusieurs crises durant la seconde moitié du XIXᵉ siècle, entre concurrence étrangère et maladies. Ces crises renforcent l'**exode rural**, qui est également facilité par le développement du chemin de fer.

→ Le phénomène s'accentue entre les deux guerres mondiales en raison du développement de la mécanisation agricole et de l'utilisation des engrais chimiques qui augmentent les rendements (la quantité produite sur une surface de terre donnée) et diminuent le besoin en main-d'œuvre.

C Industrialisation et tertiarisation

→ Dès le début du XIXᵉ siècle, la machine à vapeur permet une première **industrialisation** et l'essor des activités métallurgiques et textiles. Au début du XXᵉ siècle, le pétrole et l'électricité permettent une seconde industrialisation qui fait émerger le secteur automobile.

→ Les conditions de travail dans les **usines** sont difficiles : les journées sont longues, les tâches souvent répétitives avec la généralisation du travail à la chaîne (l'ouvrier effectue toujours la même tâche) et les salaires bas pour une main-d'œuvre peu qualifiée.

→ L'urbanisation de la société permet une augmentation des emplois de bureaux et de commerce, entraînant un développement du salariat et une **féminisation des emplois**. Avec le renforcement du rôle de l'État et le besoin accru en fonctionnaires, la tertiarisation de la société s'accentue.

Notions

- **Agriculture :** activité tournée vers la production d'aliments végétaux ou animaux.
- **Artisanat :** métier d'un artisan qui maîtrise un savoir-faire manuel et exerce à son compte.
- **Exode rural :** départ des habitants des campagnes vers les villes.
- **Féminisation des emplois :** augmentation de la proportion de femmes présentes dans un secteur donné.
- **Industrialisation :** passage d'un stade de production majoritairement artisanal et agricole à un stade de production industriel.
- **Usine :** établissement industriel où s'effectue la transformation des matières premières en produits finis.

Le cours en capsules

L'essentiel du cours en vidéo et en podcast sur LLS.fr/HG1PEXP32.

Un document-clé

1 Le travail ouvrier
Joseph-Fortuné-Séraphin Layraud, *Forges et aciéries de Saint-Chamond*, huile sur toile, 1889, musée du Creusot-Montceau.

J'apprends mon cours

1. Quelles sont les causes de l'exode rural ?

....

....

....

2. À quelle date la population urbaine devient-elle majoritaire en France ?

....

3. **Décrivez** le tableau en analysant l'image qu'il donne du travail ouvrier.

....

....

....

....

....

Je me réapproprie le cours

4. **Répondez** à la problématique du cours en rédigeant quelques phrases.

→ ....

....

....

→ ....

....

....

→ ....

....

Aide : J'utilise les mots suivants : industrialisation, exode rural, chemin de fer, usine, ouvriers et ouvrières, travail à la chaîne.

Cours 2

La lente marche vers le progrès social

Problématique **Comment la société française se transforme-t-elle progressivement ?**

A Instruction publique et ascension sociale

→ Afin d'unir la nation autour de ses valeurs, la IIIe République fait de l'instruction une de ses priorités. C'est pourquoi elle rend l'**instruction publique** laïque, gratuite et obligatoire dès les années 1881-1882, ce qui contribue à la disparition du travail des enfants.

→ La IIIe République cherche également à mieux former les travailleurs manuels, notamment en créant les premières écoles nationales professionnelles (1883) puis le certificat d'aptitude professionnelle (1919).

B L'organisation du mouvement ouvrier

→ L'industrialisation du pays entraîne la formation d'une nouvelle classe sociale : les ouvriers. Dans les mines et les usines, les conditions de travail sont dures et dangereuses, et les salaires très bas.

→ La **question sociale** ne cesse de gagner en importance au cours du XIXe siècle. Le droit de grève est légalisé en 1864, les syndicats en 1884. Grâce à l'action des organisations **syndicales** et des élus issus du courant socialiste, et grâce à de nombreuses grèves, les **droits sociaux** progressent : le temps de travail diminue progressivement (journée de 8 heures en 1919), les congés payés apparaissent (1936).

C De lents progrès pour les femmes et les peuples colonisés

→ Si ces évolutions concernent l'ensemble des travailleurs, la situation spécifique des femmes tarde à être prise en compte. Elles sont assimilées par la loi à des mineures dépendantes et il faut attendre 1907 pour que le mari ne soit plus considéré comme l'unique gestionnaire des biens du ménage – y compris du salaire de son épouse.

→ Dans les **colonies**, l'**esclavage**, définitivement aboli en 1848, est remplacé par le travail forcé. Les populations autochtones sont contraintes de travailler dans les grandes **plantations** (café ou hévéa, par exemple), au portage des marchandises, ou à la réalisation des grands chantiers décidés par la métropole. Il faut attendre 1946 et la loi Houphouët-Boigny pour que ce travail forcé soit aboli.

Notions

- **Droits sociaux :** ensemble des dispositifs protégeant les travailleurs.
- **Empire colonial :** ensemble des territoires sur lesquels s'exerce une domination coloniale.
- **Esclavage :** domination absolue exercée sur un individu.
- **Instruction publique :** organisation et gestion par l'État de la transmission des connaissances.
- **Plantation :** dans le système colonial, exploitation agricole reposant sur l'esclavage.
- **Question sociale :** réflexions autour de la transformation du monde du travail et des conditions de vie des travailleurs.
- **Syndicat :** association de travailleurs qui cherche à défendre les intérêts d'une classe sociale.

Dossier numérique

Retrouvez un dossier supplémentaire sur la IIIe République, l'instruction publique et la formation professionnelle sur LLS.fr/HG1PEXDossier1.

Le cours en capsules

L'essentiel du cours en vidéo et en podcast sur LLS.fr/HG1PEXP34.

Document clé

1 La révolte des canuts

Les ouvriers l'ont emporté. Hier ils ont combattu avec un courage incroyable ; rien ne donne une idée de leur acharnement au combat. Nous avions une idée bien fausse de ces gens que nous croyions sans énergie ; nous ne savions pas encore par expérience ce que sont des hommes qui combattent pour avoir du pain. [...] Tous nous avons employé toute l'influence que nous avions sur les ouvriers à calmer leur fureur contre les négociants, et à leur montrer combien de sang était répandu par des hommes faits pour s'aimer et s'entendre [...]. Les cris, les formules étaient « Vivre en travaillant ou mourir en combattant ; La mort ou du pain ! »

François et Peiffer, lettre publiée dans *Le Globe*, 27 novembre 1831.

2 La grève

Jules Adler, *La Grève au Creusot*, huile sur toile, 1899, musée des Beaux-Arts, Paris.

J'apprends mon cours

1. Reliez chaque date au bon événement :

Reconnaissance du droit de grève ○	○ 1884
Abolition de l'esclavage ○	○ 1919
Création du CAP ○	○ 1848
Autorisation des syndicats ○	○ 1864

2. Dans le texte, **surlignez :**

en rouge les éléments qui renvoient aux revendications des ouvriers ;

en vert les éléments qui renvoient à la violence des manifestations.

3. Doc 2 Expliquez ce qu'est une grève et à quoi elle sert.

....

....

....

....

....

....

....

Je me réapproprie le cours

4. Répondez à la problématique du cours en rédigeant quelques phrases.

→ ....

....

....

→ ....

....

→ ....

....

Aide : J'utilise les mots suivants : classe sociale, industrialisation, grève, syndicats, question sociale.

Bac

Je révise

Je connais les principales notions Compétence

Associez la définition correspondant à chacune des notions proposées.

Exode rural ○	○ Association de travailleurs qui cherche à défendre les intérêts d'une classe sociale.
Droits sociaux ○	○ Départ des habitants des campagnes vers les villes.
Esclavage ○	○ Réflexions autour de la transformation du monde du travail et des conditions de vie des travailleurs.
Question sociale ○	○ Domination absolue exercée sur un individu.
Syndicat ○	○ Ensemble des dispositifs protégeant les travailleurs.

Je connais les repères chronologiques Compétence

Associez dans le tableau suivant chaque grand événement à sa date.

1831 ○	○ Loi sur l'enseignement technique
1881-1882 ○	○ Front populaire
1919 ○	○ Révolte des canuts
1936 ○	○ Lois scolaires de Jules Ferry

Je contextualise un document iconographique Compétence

Affiche de la CGT, 1er mai 1936.

1. Quelle est la nature de ce document ?

....

2. Quelle est l'organisation syndicale mise en avant ?

....

3. Que revendique-t-elle ?

....

....

....

....

Je complète la carte mentale

En utilisant ces termes :

- → travail forcé
- → travail à l'usine
- → syndicats
- → travail féminin
- → ouvriers et ouvrières
- → droits sociaux
- → rural

Hommes et femmes au travail XIXe-XXe siècle

Un monde du travail très divers

- ☆ Importance de l'agriculture
- ☆ Développement du ______________________
- ☆ Développement du secteur tertiaire
- ☆ Dans les colonies ______________________

Un monde du travail qui évolue en profondeur

- ☆ Mécanisation
- ☆ Nouveau groupe social : les ______________________
- ☆ Développement des ______________________
- ☆ Importance croissante du ______________________

Une société qui se transforme

- ☆ Exode ______________________
- ☆ Urbanisation
- ☆ Conquête de nouveaux ______________________
- ☆ Progrès de l'éducation

Méthode Bac

J'analyse une image et la replace dans son contexte

Capacité > Contextualiser une œuvre mettant en scène des femmes ou des hommes au travail.

La modernisation du travail agricole
Roger Soubie, affiche publicitaire, années 1920.

Contextualiser une œuvre

Étape 1 ⚡ Identifier le document

1. Quelle est la nature du document ?

Aide : Un document peut être un texte, une photographie, une affiche, une publicité, etc.

2. De quand date-t-il ?

3. À qui est-il destiné ?

Étape 2 ⚡ Décrire et interpréter

4. Comment l'image est-elle composée ? Que font les personnages représentés ?

5. Quel message l'auteur de ce document veut-il faire passer ?

Étape 3 ⚡ Contextualiser

6. Il s'agit de prendre en compte la période dans laquelle cette œuvre a été produite pour mieux la comprendre. Quelles sont les grandes évolutions sociales de l'époque ?

7. Quels sont les mots-clés à mobiliser dans l'analyse historique de ce document ? **Rayez** les termes qui ne sont pas appropriés ici.

Industrialisation | Grève | Mécanisation | Exode rural | Transformations sociales | Publicité

Étape 4 ⚡ Rédiger un texte

8. À l'aide des étapes précédentes et de vos connaissances, **rédigez** un texte dans lequel vous évoquerez les transformations du monde paysan entre le XIXe et le début du XXe siècle. Attention à bien utiliser l'œuvre étudiée ici.

Histoire sensible

Le travail ouvrier en bande dessinée

Bruno Loth, *Mémoires d'un ouvrier : avant-guerre et sous l'Occupation*, La Boîte à Bulles, 2016.

Dans cette bande dessinée, Bruno Loth raconte le parcours de son père, apprenti puis ouvrier en France dans les années 1930-1940. Le dessin réaliste et le souci de documentation permettent de plonger au cœur de la réalité du travail ouvrier.

Étape 1 ⚡ Se former

1. Expliquez pourquoi les apprentis ont des cours.

....

....

....

....

....

....

2. Définissez le terme « CAP ».

....

....

....

Étape 2 ⚡ Travailler

3. Rayez les propositions incorrectes :

- ☐ En 1936, le travail des enfants est légal.
- ☐ En 1936, des milliers d'enfants travaillent encore à l'usine.
- ☐ En 1936, les accidents du travail ne sont pas reconnus par la loi.

4. Décrivez la vignette.

....

....

....

....

....

....

Étape 3 ⚡ Lutter

5. Identifiez les revendications des ouvriers en 1936.

Revendication 1 : ....

....

Revendication 2 : ....

....

Revendication 3 : ....

....

6. Faites une recherche sur Internet et **expliquez** si ces revendications ont été satisfaites ou non.

....

....

Étape 4 ⚡ Vivre et s'adapter aux évolutions de son époque

7. Identifiez la date à laquelle cette case fait référence :

- ☐ 1er septembre 1939
- ☐ 11 novembre 1918
- ☐ 28 juin 1936

8. Montrez que la guerre entraîne une réduction importante des droits sociaux.

....

....

....

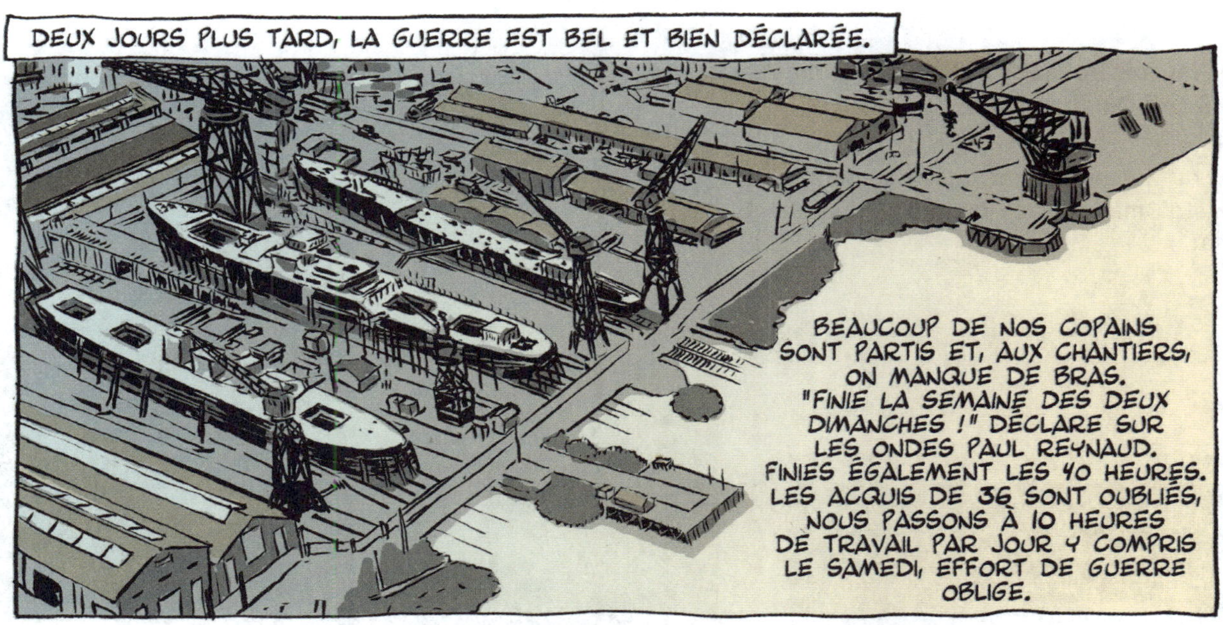

THÈME 2

Guerres européennes, guerres mondiales, guerres totales (1914-1945)

De 1914 à 1945, deux guerres sont devenues mondiales. Elles mobilisent des millions de vies, causent des destructions massives en Europe et dans le monde. Leur violence inédite et les engagements qu'elles suscitent ont marqué le XXe siècle. Les conséquences de ces guerres totales changent le visage du monde en bouleversant les rapports de puissance.

Problématique **Comment les deux guerres mondiales ont-elles bouleversé le monde de 1914 à 1945 ?**

Image interactive

1 Commémorer la Première Guerre mondiale

Le 22 septembre 1984, le président Mitterrand et le chancelier Kohl rendent hommage ensemble aux morts de la Première Guerre mondiale.

2 François Hollande et Barack Obama face à Omaha Beach

Le 6 juin 2014, la cérémonie de commémoration du débarquement de Normandie sur la plage d'Omaha Beach rassemble vingt chefs d'État.

Image interactive

Dossier numérique

Retrouvez un dossier supplémentaire sur les résistances françaises pendant le Seconde Guerre mondiale sur LLS.fr/HG1PEXDossier2.

Je teste mes connaissances

Quand la Première Guerre mondiale a-t-elle eu lieu ?	Quels pays s'affrontèrent lors de la bataille de Verdun en 1916 ?	Quand la Seconde Guerre mondiale a-t-elle eu lieu ?	En août 1945, quel pays est touché par deux bombes atomiques ?
☐ 1914-1916	☐ La France et l'Italie	☐ 1937-1945	☐ L'Angleterre
☐ 1914-1917	☐ La France et l'Allemagne	☐ 1938-1945	☐ L'URSS
☐ 1914-1918	☐ La France et les États-Unis	☐ 1939-1945	☐ Le Japon

Je compare deux documents

1. Comparez les deux documents pour compléter ce tableau.

	Date	Acteurs	Lieu	Événement commémoré
Doc 1	....	....	....	....
Doc 2	....	....	....	....

Bac Je travaille les capacités suivantes...

Je complète et **mets en relation** deux cartes présentant la dimension mondiale des deux guerres (fronts, rôle des empires coloniaux). **p. 44 à 47** ☐ Je maîtrise ☐ Je dois approfondir

Je confronte des points de vue sur les traités de paix des années 1920. **p. 56** ☐ Je maîtrise ☐ Je dois approfondir

Je raconte l'engagement d'un acteur défenseur de la paix. **p. 64** ☐ Je maîtrise ☐ Je dois approfondir

Je recherche des informations sur les processus de déportation pendant la Seconde Guerre mondiale depuis la France pour en rendre compte à l'oral ou à l'écrit à titre individuel ou collectif. **p. 54** ☐ Je maîtrise ☐ Je dois approfondir

Repères

Deux guerres de dimension mondiale

Capacité > Compléter et mettre en relation deux cartes présentant la dimension mondiale des deux guerres (fronts, rôle des empires coloniaux).

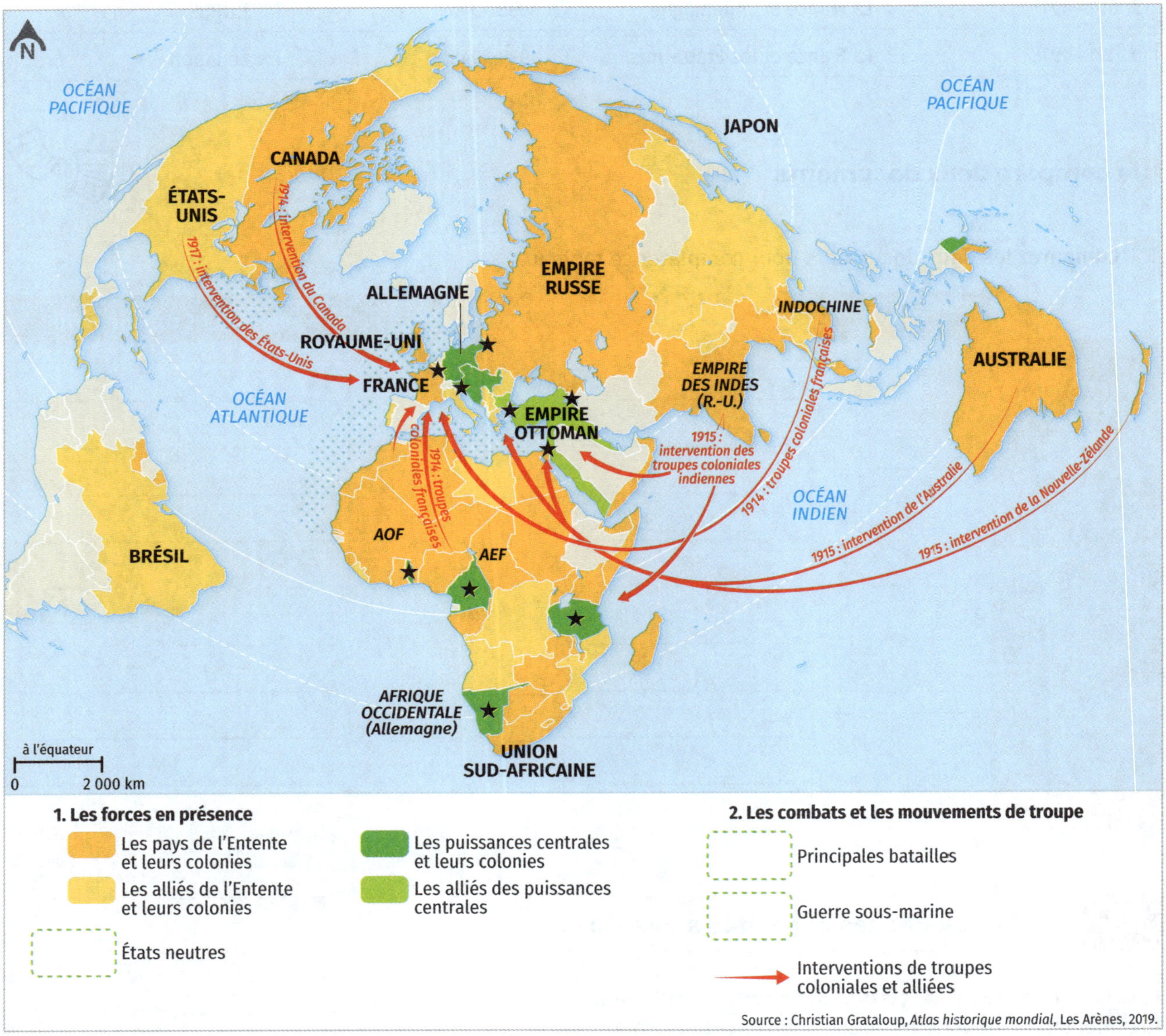

Source : Christian Grataloup, *Atlas historique mondial*, Les Arènes, 2019.

1 ....

Consignes

1. Complétez la légende des deux cartes.

2. Donnez un titre à ces deux cartes.

3. En comparant les deux cartes, **complétez** le tableau ci-contre.

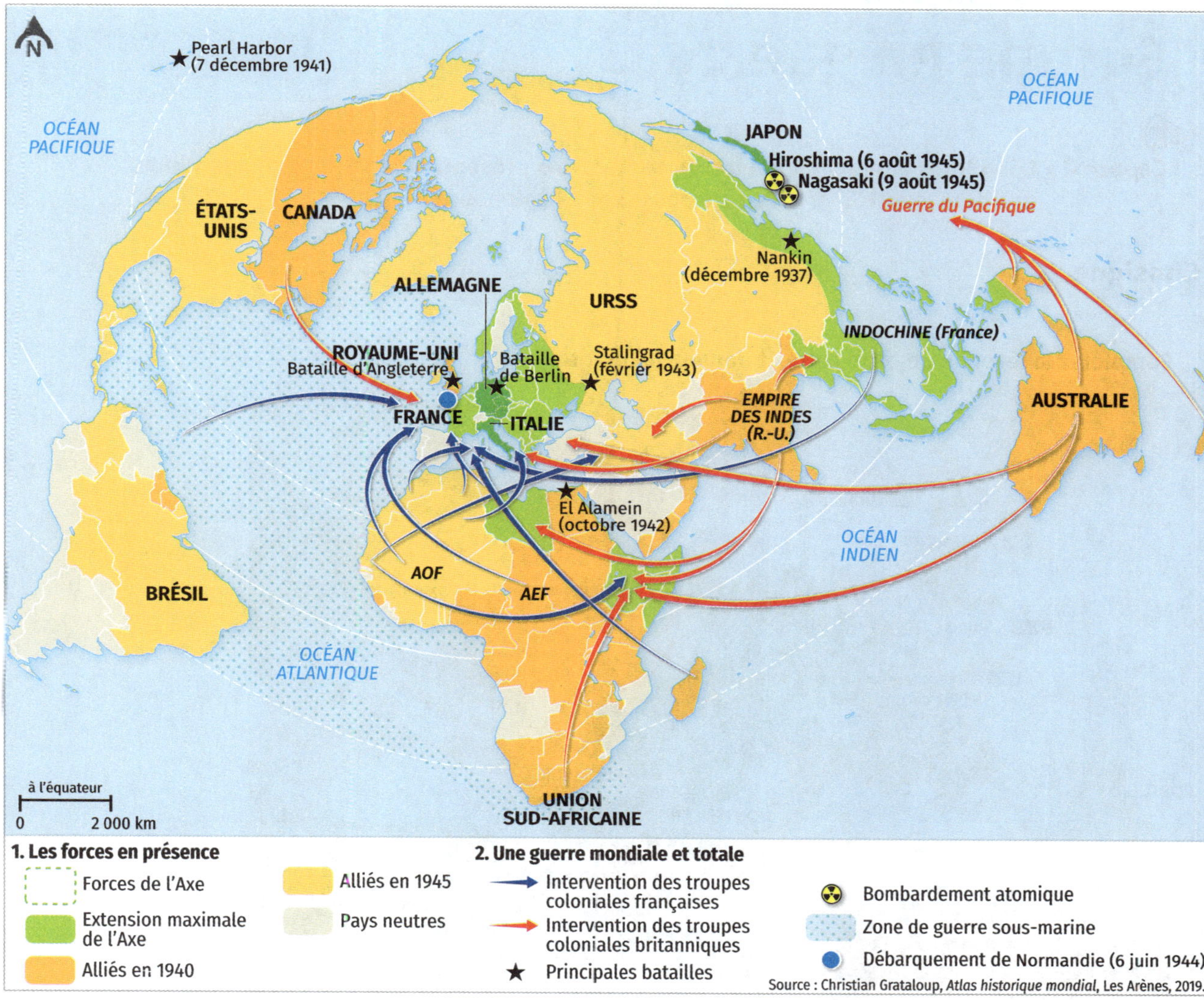

Source : Christian Grataloup, *Atlas historique mondial*, Les Arènes, 2019.

2 ....

	Première Guerre mondiale	Deuxième Guerre mondiale
Pays belligérants		
Principales batailles		
Continents sur lesquels les combats se concentrent		
Rôle des empires coloniaux		

Repères

L'Europe en guerre

Capacité > Compléter et mettre en relation deux cartes présentant la dimension mondiale des deux guerres (fronts, rôle des empires coloniaux).

Consigne

1. Complétez la légende de cette carte et **donnez**-lui un titre.

Source : Christian Grataloup, *Atlas historique mondial*, Les Arènes, 2019.

1 ....

- [orange] ....
- [jaune] ....
- [vert] ....
- [gris clair] ....

Les principaux fronts

Blocus maritime

Principales batailles

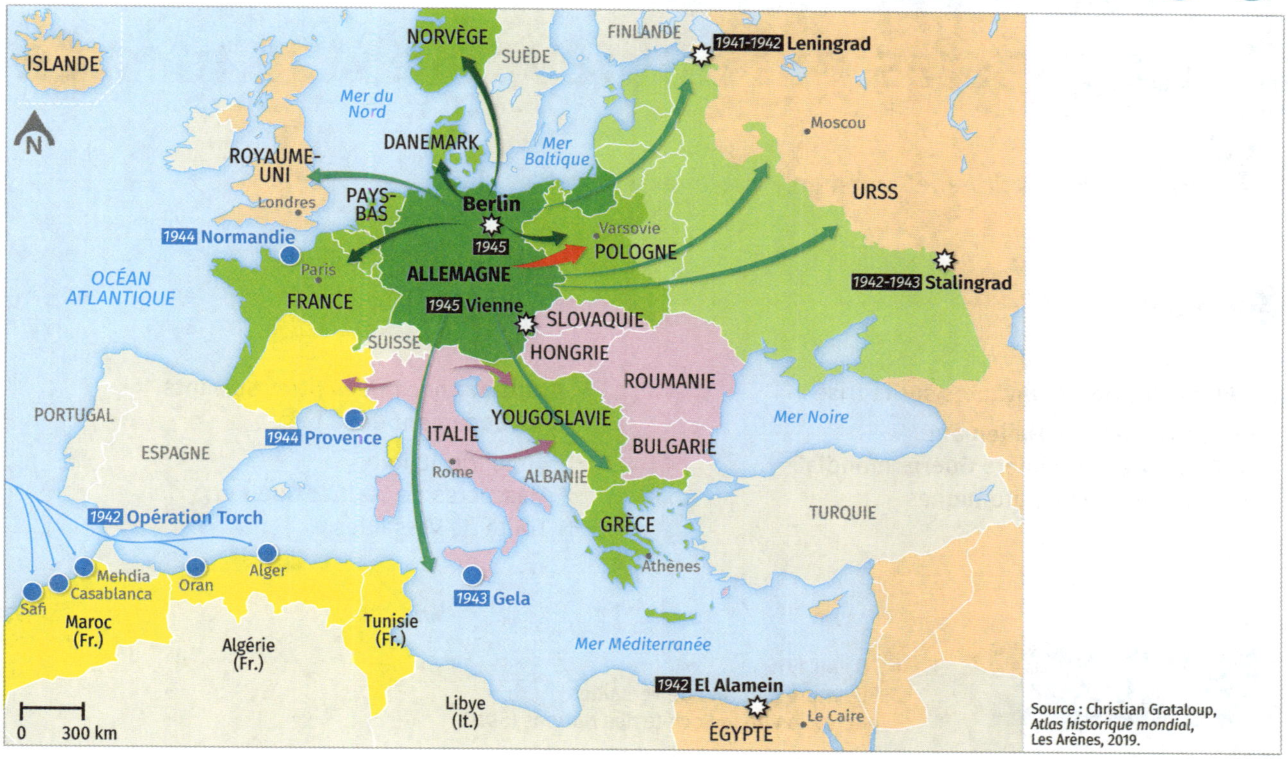

Source : Christian Grataloup, *Atlas historique mondial*, Les Arènes, 2019.

2 ....

2. Donnez un titre à cette carte.

3. Complétez la légende de cette carte.

1. L'Axe au début de la guerre

[ ] Allemagne nazie en août 1939

Alliés de ....

2. Les offensives de l'Axe

- Le déclenchement du conflit : l'attaque allemande sur la Pologne
- Offensives allemandes en mai-septembre 1940
- Offensives allemandes en septembre 1940-été 1941
- Offensives italiennes

3. Extension du Reich et principales batailles

Occupation nazie

- en mai 1941
- en novembre 1942
- Régime de Vichy
- [ ] Pays alliés
- [ ] Pays neutres
- [ ] Principales batailles
- Principaux débarquements

Deux guerres qui bouleversent le monde

Compétence > Identifier et nommer les dates et acteurs des grands événements.

Consignes

1. Placez les dates suivantes sur la frise :
- → Armistice franco-allemand
- → Début de la Première Guerre mondiale
- → Bombardements atomiques

2. Associez chacun des titres suivants à un document de la page :
- → Appel du 18 juin
- → Massacres de Sétif et Guelma
- → Traité de Versailles

1915 — 1920 — 1925 — 1930

Grande Guerre (1914-1918)

- **28 juin 1919** Signature du traité de Versailles et création de la Société des Nations (SDN)
- **1914** ……………………………………
- **1926** Aristide Briand reçoit le prix Nobel de la paix
- **1915** Début du génocide des Arméniens et d'autres populations chrétiennes de l'Empire ottoman
- **Octobre 1917** Révolution russe
- **11 novembre 1918** ……………………………………

28 juin 1919

……………………………………

……………………………………

William Orpen, *La Signature du traité de Versailles dans la galerie des Glaces le 28 juin 1919*, huile sur toile, 152,4 x 127 cm, 1921, Imperial War Museum, Londres.

Pourquoi est-ce important ?

……………………………………

……………………………………

……………………………………

……………………………………

1940

Charles de Gaulle, au micro de la BBC, après juillet 1940.

Pourquoi est-ce important ?

1935 – 1940 – 1945

Seconde Guerre mondiale (1939-1945)

1939 - 1945 Génocide des Juifs et des Tsiganes

- **30 janvier 1933** Hitler accède au pouvoir en Allemagne
- **1937** Début de la guerre en Asie (agression du Japon contre la Chine)
- **30 septembre 1938** Accords de Munich
- **18 juin 1940** Appel du général de Gaulle depuis Londres
- **28 août 1940** Brazzaville, capitale de la France libre
- **1943** Publication du *Manifeste du peuple algérien*
- **8 mai 1945** Fin de la Seconde Guerre mondiale en Europe. Massacres de Sétif et Guelma en Algérie
- **26 juin 1945** Charte de San Francisco (création de l'ONU)
- **6 et 9 août 1945**
- **Septembre 1945** Capitulation du Japon

8 mai 1945

Sétif, mai 1945.

Pourquoi est-ce important ?

1914-1918 et 1939-1945 : des guerres totales

À deux reprises dans la première moitié du XXe siècle, le monde bascule dans la guerre. La Première puis la Seconde Guerre mondiale marquent l'avènement d'une ère de conflits d'un genre nouveau. **Pourquoi peut-on parler de guerres totales pour qualifier les deux guerres mondiales ?**

1 Les guerres modernes, des conflits d'un genre nouveau

La confrontation avec la mort de masse est sans doute l'expérience fondamentale de la guerre […]. Les guerres modernes ont obligé, pour la première fois, de nombreux individus à affronter une mort massive et organisée […]. Deux fois plus d'hommes sont morts dans la bataille ou des suites de leurs blessures pendant la guerre des tranchées que dans tous les autres grands conflits de 1790 à 1914. Certains chiffres révèlent clairement l'ampleur sans précédent de la tuerie qui a envahi la mémoire de cette guerre. Quelque dix millions d'hommes moururent pendant la Première Guerre mondiale alors que Napoléon, lors de la campagne de Russie, la plus sanglante jusqu'alors, perdit 400 000 hommes (environ 600 000 hommes, dans les deux camps, tombèrent lors de la bataille de la Somme en 1916 qui ne marqua d'avancée pour personne). […] Lorsqu'éclata la Première Guerre mondiale, le souvenir des terribles pertes des guerres napoléoniennes s'était estompé ; le nombre des morts de guerre du XIXe siècle ne pouvait se comparer à ce qui allait advenir. L'étendue sans précédent de ce désastre demandait un effort beaucoup plus important pour cacher et sublimer la mort des soldats.

Georges Mosse, *De la Grande Guerre au totalitarisme, la brutalisation des sociétés européennes*, Hachette, 1999.

2 Toutes les forces mobilisées

Femmes au travail dans une usine d'armement pendant la Première Guerre mondiale, couverture de *La Guerre illustrée*, décembre 1917.

3 Des civils victimes

« Cela pourrait-être vous ! Prendre soin des évacués est un devoir national », affiche britannique du ministère de la Santé, 1940.

Parcours 1

1. Doc 1 à 3 **Comparez** les trois documents pour compléter ce tableau.

	Doc 1	Doc 2	Doc 3
Nature			
Auteur			
Date			
Est-ce un document de propagande ?			

2. Doc 1 à 3 Pourquoi les deux guerres mondiales peuvent-elles être décrites comme « des conflits d'un genre nouveau » ?

....

....

....

Parcours 2

À partir des trois documents, **expliquez** ce qu'est une guerre totale en rédigeant plusieurs phrases.

Aide : Chaque document évoque un aspect particulier qui contribue à faire des deux guerres mondiales des guerres totales.

....

....

....

....

....

....

....

Plus à l'aise à l'oral ?

LABO AUDIO

Répondez à la problématique du dossier en vous enregistrant sur votre téléphone ou à l'aide de LLS.fr/LaboAudio.

Aide : Je pense à citer précisément les documents : « Comme on le voit dans le document 1..., le document 2 permet de comprendre que... »

Dossier 2

Les violences de guerre

Les nouvelles formes des guerres modernes affectent les populations d'une façon jamais vue auparavant. La violence déployée n'a pas d'égal dans les siècles précédents et occasionne des victimes de nouveaux types. On parle de guerre d'anéantissement. **À quelles violences les populations sont-elles exposées durant ces conflits ?**

Pays	Morts et disparus	Blessés
Allemagne	2 millions	4 millions
Russie	2 millions	5 millions
Autriche-Hongrie	1,5 million	3,5 millions
France et colonies	1,4 million	3,5 millions
Royaume-Uni et colonies	960 000	2 millions
Empire ottoman	775 000	500 000
Italie	600 000	900 000
États-Unis	90 000	10 000
Autres	675 000	450 000
Total	**10 millions**	**21 millions**

1 Le bilan humain de la Première Guerre mondiale

Pays	Militaires	Civils
URSS	8,8 millions	14 millions
Chine	entre 6 et 20 millions	
Allemagne	5 millions	2 millions
Pologne	300 000	5,4 millions
Japon	2 millions	700 000
Yougoslavie	400 000	600 000
France	220 000	350 000
Grèce	30 000	300 000
Italie	300 000	150 000
Royaume-Uni	380 000	70 000
États-Unis	420 000	-
Total	**entre 60 et 80 millions**	

2 Le bilan humain de la Seconde Guerre mondiale

1. **Doc 1 et 2** **Comparez** les deux tableaux et **identifiez** :
→ le pays qui a connu le plus grand nombre de morts pendant la Première guerre mondiale :

....

→ le conflit durant lequel la France a perdu le plus de soldats :

....

→ le pays qui a connu le plus grand nombre de morts pendant la Seconde guerre mondiale :

....

2. **Doc 1 et 2** Pourquoi y a-t-il beaucoup plus de morts parmi les civils pendant la Seconde Guerre mondiale que pendant la Première Guerre mondiale ?

....

....

3 Représailles et violences de masse

Après l'élimination par les résistants tchécoslovaques d'Heydrich[1], le village de Lidice est victime des représailles nazies.

Les habitants de Lidice, tirés de leur sommeil, ne comprennent rien à ce qui leur arrive, ou ne le comprennent que trop bien. On les arrache à leur lit, on les sort de chez eux à coups de crosse, on les rassemble tous sur la place du village, devant l'église [...]. Les femmes et les enfants sont enfermés dans l'école. Les hommes sont conduits dans un corps de ferme et entassés dans une cave. [...]

À 5 heures du matin, ils reviennent les chercher. [...] Les femmes et les enfants sont embarqués dans des camions qui prennent la direction de Kladno, la ville voisine. Pour les femmes, c'est une étape avant Ravensbrück. Les enfants seront séparés de leur mère et gazés à Chelmno [...]. Les hommes sont rassemblés devant un mur sur lequel on a disposé des matelas. Le plus jeune a 15 ans, le plus vieux 84. On en aligne cinq, et on les fusille. Puis cinq autres, et ainsi de suite. [...] Même les chiens sont abattus. [...]

L'ordre est de rayer Lidice de la carte, littéralement. Le cimetière est profané, les vergers sont retournés, tous les bâtiments sont incendiés et on jette du sel sur la terre pour être sûr que rien ne repousse. [...] Des bulldozers sont en route pour raser les ruines. Il ne doit rester aucune trace, pas même de l'emplacement du village.

Laurent Binet, *HHhH*, Grasset, 2010.

1. L'un des responsables du génocide juif.

4 L'enfer nucléaire

Membre du Comité international de la Croix-Rouge, Marcel Junod est le premier médecin à se rendre à Hiroshima après le premier bombardement atomique.

L'âge atomique est ouvert. Une cité japonaise de 400 000 âmes est détruite en quelques secondes [...]. En quelques secondes, disent les témoins, des milliers d'êtres humains, dans les rues et les jardins du centre de la ville, frappés par une vague de chaleur aiguë, meurent comme des mouches sous l'effet de la température. D'autres se tordent comme des vers, atrocement brûlés. Tout ce qui est maisons d'habitation, dépôts, etc. disparaît comme balayé par une force surnaturelle. [...] Ceux qui sont restés à l'intérieur de ces maisons sont tués ou blessés. [...] Si, malgré tout, quelques-uns arrivent à traverser cet obstacle, apparemment sauvés, ils mourront pour la plupart dix, vingt ou quarante jours après, de l'effet tardif du mystérieux et implacable rayon gamma.

Marcel Junod, « Le désastre d'Hiroshima »,
Revue internationale de la Croix-Rouge, 1982.

3. **Doc 3** **Expliquez** où les soldats allemands emmènent les femmes du village de Lidice.

....

....

4. **Doc 3** Comment la volonté des nazis de « rayer le village de la carte » s'exprime-t-elle ?

....

....

....

....

5. **Localisez** et **datez** l'événement mentionné dans le **doc 4**.

....

....

6. **Doc 4** **Montrez** pourquoi les bombardements atomiques sont considérés comme un nouveau type de violence de guerre.

....

....

....

....

Le génocide des Juifs durant la Seconde Guerre mondiale

Capacité > Rechercher des informations sur les processus de déportation pendant la Seconde Guerre mondiale depuis la France pour en rendre compte à l'oral ou à l'écrit à titre individuel ou collectif.

Pendant la Seconde Guerre mondiale, les nazis organisent le génocide méthodique et systématique des populations juives dans tous les territoires qu'ils contrôlent. Les Juifs sont arrêtés, souvent par les polices locales, déportés dans des camps de concentration ou, à mesure que la guerre avance, envoyés directement dans des centres de mise à mort. Environ 6 millions de Juifs sont victimes de cette politique génocidaire. **Comment les Juifs français sont-ils déportés vers les centres de mise à mort ?**

1. Complétez la frise chronologique suivante.

Aide : J'utilise ce site LLS.fr/HG1PMemorialShoah.

1940 — 1941 — 1942 — 1943 — 1944

- **22 juin 1940** : Armistice franco-allemand
- **3 octobre 1940** : ....
- **20 août 1941** : Ouverture du camp d'internement de ....
- **27 mars 1942** : ....
- **16 juillet 1942** : Rafle du ....
- **17 août 1944** : ....

1 La rafle du Vél' d'Hiv

Le 16 juillet 1942, plusieurs milliers de policiers et de gendarmes français, à la demande du IIIe Reich, arrêtent près de 13 000 Juifs à Paris et dans la proche banlieue. Ils sont enfermés dans le stade du Vélodrome d'Hiver avant d'être déportés à Auschwitz : moins d'une centaine reviendront.

Lettre n° 1. La police est venue nous arrêter avec tous les Juifs de la maison, on nous a enlevés moi et mes deux enfants, je t'écris pour te dire que nous allons être transportés au Vélodrome d'Hiver. Je te demande d'aller chez moi [...] et de prendre toutes mes affaires, tout ce que tu trouveras.

Lettre n° 2. La santé est bonne, mais le moral tombe. Nana, monte chez moi, prends la clé chez la concierge et prends tout ce que tu pourras. [...] Mais fais ça au plus vite, car l'on doit s'en aller d'ici pour une destination inconnue. [...] Apporte-moi le sucre et les conserves, car on nous donne rien à manger.

Lettres de Paulette Stokfisz-Bronstein à sa sœur Nana Dachy, 16 et 18 juillet 1942.

2. Doc 1 Décrivez les conditions de vie des Juifs durant leur enfermement.

....

3. Doc 1 Recherchez sur Internet et **racontez** ce que sont devenus l'auteure de cette lettre et ses enfants.

....

Je me repère

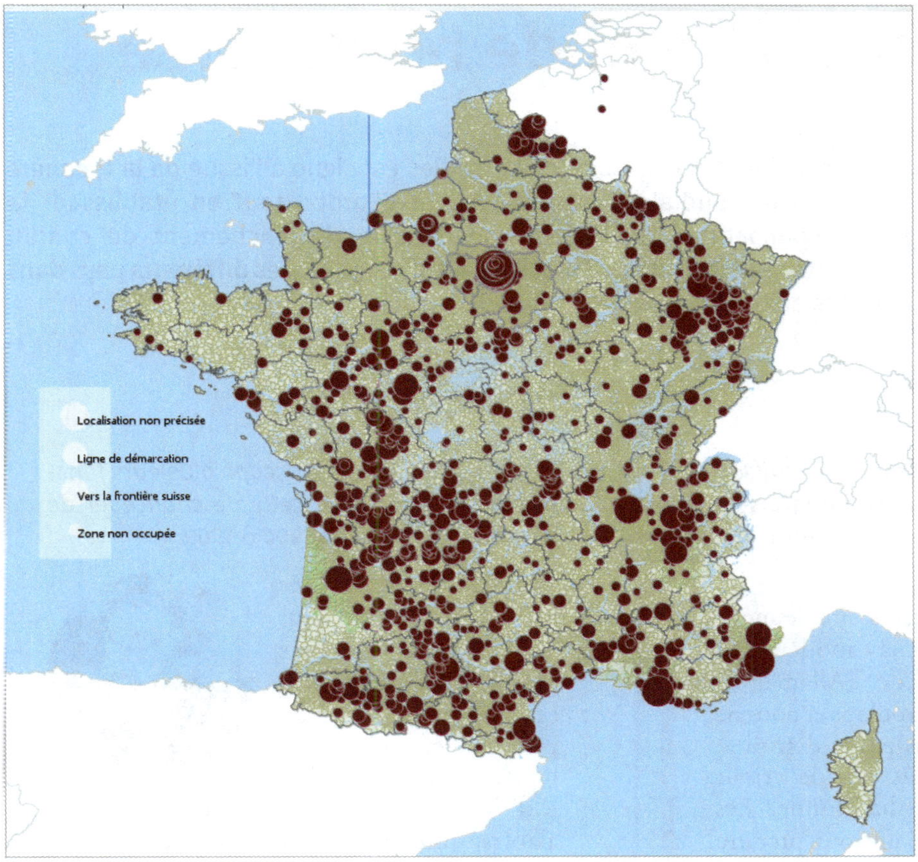

2 Les arrestations d'enfants juifs

Capture d'écran de la carte élaborée par Jean-Luc Pinol.

Entre 1942 et 1944, plus de 11 450 enfants juifs ont été arrêtés en France puis déportés vers des centres de mise à mort. L'historien Jean-Luc Pinol cartographie avec une grande précision les lieux d'arrestation de ces enfants.

4. Doc 2 Rendez-vous sur ce site LLS.fr/HG1PCarteDeportation et **zoomez** pour trouver votre ville.

5. Répondez aux questions suivantes :

→ Y a-t-il eu des rafles d'enfants juifs dans votre ville ou votre département ?

....

→ Combien d'enfants ont-ils été arrêtés ?

....

6. Faites une recherche par enfant en cliquant sur cette icône. **Complétez** le tableau suivant :

	Eliane Levine	Georges Aufrechter	Mauricette Sieldlceki
Lieu d'arrestation			
Âge			

Dossier 4

La difficile construction de la paix dans un monde bouleversé

Capacité > Confronter des points de vue sur les traités de paix des années 1920.

Le 28 juin 1919, le traité de Versailles est signé à l'issue de la Première Guerre mondiale. Il vise à pacifier l'Europe tout en établissant la responsabilité de l'Allemagne dans le déclenchement du conflit. **Comment le traité de Versailles est-il perçu par les différents pays dans les années 1920 ?**

1 Un appel à la modération

En janvier 1919, le président états-unien Wilson rencontre les dirigeants français, anglais et italiens afin de préparer les clauses du traité de Versailles.

Il est nécessaire de montrer de la modération vis-à-vis de l'Allemagne. Nous ne voulons et nous ne pourrions pas la détruire : notre plus grande erreur serait de lui donner des raisons puissantes de vouloir un jour prendre sa revanche. [...] Il faut éviter de donner à nos ennemis même l'impression de l'injustice. Je ne crains pas dans l'avenir les guerres préparées par des complots secrets des gouvernements, mais plutôt les conflits créés par le mécontentement des populations. Si nous nous rendons nous-mêmes coupables d'injustice, ce mécontentement est inévitable.

Woodrow Wilson, cité par Paul Mantoux, *Les Délibérations du conseil des Quatre*, CNRS, 1995.

2 Un traité imposé

Bernhard von Bülow a occupé plusieurs fonctions politiques dont celle de chancelier de l'empire allemand de 1900 à 1909.

Jamais n'a été infligée à un peuple, avec plus de brutalité, une paix aussi accablante et aussi ignominieuse qu'au peuple allemand la paix honteuse de Versailles. [...] Mais une paix sans négociations préalables, une paix dictée comme celle de Versailles, est aussi peu une vraie paix qu'il n'y a transfert de propriété quand un brigand renverse à terre un malheureux et le contraint ensuite à lui remettre son porte-monnaie. La paix de Versailles nous a ravi plus de soixante-dix mille kilomètres carrés et plus de sept millions d'habitants.

Bernhard von Bülow, *Mémoires du chancelier prince de Bülow*, Plon, 1931.

Confrontez des points de vue opposés : deux textes

1. Doc 1 et 2 Comparez les arguments des deux auteurs.

	Woodrow Wilson	Bernhard von Bülow
Vainqueur ou vaincu ?		
Comment voit-il le traité de Versailles ?		

3 L'espoir de paix
Publicité pour le porte-plume Waterman, 1919.

Les traités sont perçus par la majorité de la population des pays vainqueurs comme la meilleure façon de garantir une paix durable. La publicité joue de cette réputation pour vendre un stylo, défini avec humour comme « l'arme de la paix ».

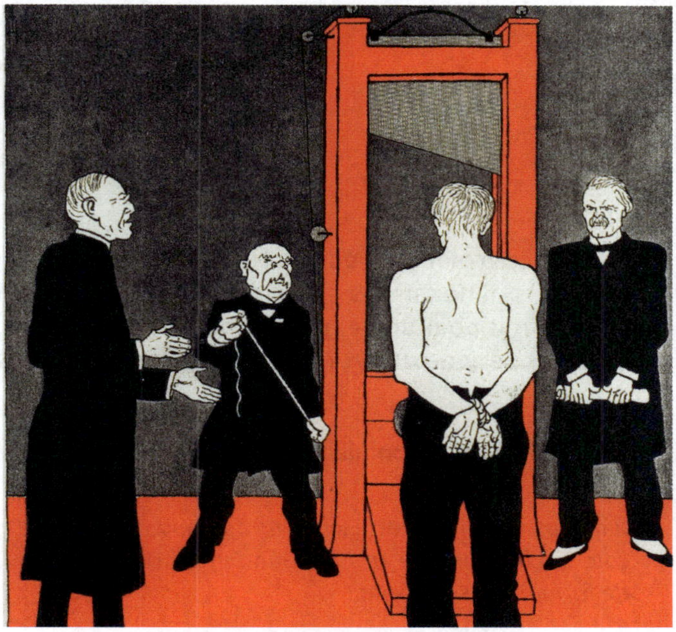

4 Le couperet de Versailles
Thomas Heine, *Versailles*, dessin publié dans la revue allemande *Simplicissimus*, 3 juin 1919.

Confrontez des points de vue opposés : deux affiches

2. Doc 3 et 4 Comparez les deux affiches et **complétez** le tableau.

	Doc 3	Doc 4
Pays d'origine		
Date		
Comment le traité de Versailles est-il représenté ?		

3. Doc 1 à 4 Résumez les différents points de vue sous la forme d'un texte.

Pour les vainqueurs de la guerre, les traités sont .... Au contraire, pour les pays vaincus, comme l'Allemagne, les traités sont vus comme ....

La progressive remise en cause de l'impérialisme colonial

Les puissances coloniales européennes sortent affaiblies des deux conflits mondiaux. Dans les colonies, les mouvements nationalistes et les revendications s'affirment en même temps que le principe d'autodétermination (droit pour un peuple de choisir librement son organisation politique) se diffuse dans le monde. **Comment la période de 1914 à 1945 ébranle-t-elle le système colonial ?**

1 Gandhi et l'anticolonialisme

Jugé pour avoir contesté les abus du pouvoir colonial britannique en 1919, Gandhi, avocat de formation, se défend.

Le premier choc me vint sous forme des lois Rowlatt, qui furent prises pour voler au peuple sa véritable liberté. Je compris qu'il me fallait mener contre ces lois une agitation vigoureuse. Puis, ce furent les horreurs du Pendjab, qui commencèrent par le massacre du Jallianwala Bagh[1] et arrivèrent à leur point culminant, lorsqu'on donna l'ordre de faire ramper les gens sur le ventre, de les fouetter publiquement, et autres humiliations indescriptibles [...]. J'en arrivai à contrecœur à la conclusion que notre association avec la Grande-Bretagne avait, au point de vue politique et économique, rendu l'Inde plus impuissante que jamais.

Gandhi, déclaration lue lors de son procès, 23 mars 1922.

1. En 1919, lors d'une manifestation pacifique contre les lois Rowlatt autorisant la détention arbitraire, l'armée britannique tire sur la foule sans sommation (379 morts et 1 200 blessés).

2 Un appel à la liberté de l'Algérie

Messali Hadj, père du nationalisme algérien, prononce en 1936 un discours fondateur de la lutte pour l'indépendance.

Notre pays se trouve, aujourd'hui, administrativement rattaché à la France et dépend de son autorité centrale. Mais ce rattachement a été la conséquence d'une conquête brutale, suivie d'une occupation militaire [...] auxquelles le peuple n'avait jamais donné son adhésion. [...]

Nous sommes, nous aussi, les enfants du peuple algérien et nous n'accepterons jamais que notre pays soit rattaché à un autre pays contre sa volonté ; nous ne voulons sous aucun prétexte hypothéquer l'avenir, l'espoir de la liberté nationale du peuple algérien. Cet avenir appartient à la génération qui vient et c'est à elle seule qu'appartiendra le droit de décider comment elle entend diriger son sort et sa destinée. [...]

Mes frères, il ne faut pas dormir sur vos deux oreilles maintenant et croire que toute l'action est terminée, car elle ne fait que commencer.

Messali Hadj, discours à Alger, 2 août 1936.

1. Doc 1 et 2 Identifiez les points communs entre ces deux textes.

Point commun 1 : ....

....

....

Point commun 2 : ....

....

Point commun 3 : ....

....

Aide : Demandez-vous comment les auteurs voient la colonisation de leurs pays respectifs et quelles actions politiques ils envisagent.

J'analyse une affiche

L'image centrale : Que montre-t-elle ? Quel est son sens ?

....

....

....

....

....

Le slogan : Que dit-il ? Que dénonce-t-il ?

....

....

....

Les textes présents sur l'affiche : Ici, qui sont les « uns » et les « autres » ?

....

....

....

....

....

Le bas de l'image : Que montrent ces éléments ?

....

....

....

....

....

....

....

3 Les colonies dénoncées en métropole

Affiche du parti communiste français et du syndicat CGTU pour le centenaire de la conquête de l'Algérie, 1930.

2. Doc 3 Vrai ou faux.

→ Le parti communiste français critique la colonisation. ☐ Vrai. ☐ Faux.
→ L'Algérie devient indépendante en 1940. ☐ Vrai. ☐ Faux.
→ La colonisation a permis à la France de s'enrichir en exploitant les ressources des territoires colonisés. ☐ Vrai. ☐ Faux.
→ La colonisation s'est faite sans violence. ☐ Vrai. ☐ Faux.

3. À partir des trois documents et de vos connaissances, **définissez** les mots suivants :

Colonisation : ....

....

Impérialisme : ....

....

Anticolonialisme : ....

....

Cours 1

L'ère des guerres totales

Problématique Pourquoi peut-on dire que la Première et la Seconde Guerre mondiale sont d'un genre nouveau ?

A Des guerres de dimension mondiale

- L'attentat de Sarajevo, en juin 1914, et le jeu des alliances conclues entre les puissances européennes entraînent le continent dans la guerre : les pays de la triple Entente (France, Russie, Royaume-Uni) s'opposent aux puissances centrales (Allemagne, Autriche-Hongrie, Italie). L'appel aux empires coloniaux et l'entrée en guerre de l'Empire ottoman confèrent à cette guerre sa dimension mondiale.

- Durant la **Seconde Guerre mondiale**, les forces de l'Axe (Allemagne, Italie, Japon) affrontent les Alliés (principalement Grande-Bretagne, France, États-Unis et Union soviétique). Les lieux de combat sont multiples (Chine, Europe, Afrique, océan Pacifique, etc.).

- Les avancées techniques (chars, avions, porte-avions, sous-marins) répandent la guerre partout : sur terre, dans les airs et les mers.

B Des sociétés mobilisées par la guerre

- Pour faire face à ces conflits, des économies de guerre sont mises en place. Les industries sont reconverties, les femmes remplacent les hommes partis au front, les ressources matérielles et humaines des colonies sont mobilisées, des emprunts sont lancés : on parle de **guerre totale**.

- Durant la Seconde Guerre mondiale, l'empire colonial français joue un rôle très particulier puisqu'il permet à la **France libre**, dont la capitale est installée à Brazzaville (Congo actuel), de poursuivre le combat.

C Le poids des idéologies

- La fin du XIXe siècle est marquée par le développement des nationalismes, qui pousse les peuples à vouloir se gouverner eux-mêmes. C'est une idéologie complexe, à l'origine à la fois de la Première Guerre mondiale et des luttes anticoloniales.

- Après la crise économique de 1929, les années 1930 sont marquées, en Europe, par la montée de l'extrême droite. Les fascistes prennent le pouvoir en Italie, les nazis en Allemagne. Ils tentent de propager leur vision raciste et **antisémite** du monde par une intense **propagande**.

Notions

- **Antisémitisme :** discrimination et hostilité envers les Juifs.
- **France libre :** mouvement de Résistance rassemblé autour du général de Gaulle. La France libre rassemble les résistants de l'intérieur, demeurés en France, et ceux qui poursuivent le combat à l'étranger.
- **Guerre mondiale :** conflit armé qui implique des belligérants sur plusieurs continents.
- **Guerre totale :** conflit mobilisant l'ensemble des secteurs d'activités, les populations et les ressources d'un pays dans l'effort de guerre.
- **Propagande :** ensemble de techniques de persuasion visant à diffuser une idée parmi la population.

À lire

David Diop, *Frère d'âme*, Le Seuil, 2018.

L'histoire d'un tirailleur sénégalais emporté dans la violence de la Première Guerre mondiale.

Le cours en capsules

L'essentiel du cours en vidéo et en podcast sur LLS.fr/HG1PEXP60.

Un document clé

1 Une large mobilisation humaine et industrielle
Femmes et ouvriers indochinois dans une usine d'armement pendant la Première Guerre mondiale.

J'apprends mon cours

1. Dans le cours, **surlignez** en rouge les pays qui sont alliés avec la France durant la Première et la Seconde Guerre mondiale et en bleu les pays qui s'opposent à la France.

2. **Doc 1** Pourquoi les femmes sont-elles massivement mobilisées dans l'industrie durant les deux guerres ?

....

....

3. Avec vos propres mots, **expliquez** ce qu'est l'antisémitisme.

....

....

Je me réapproprie le cours

4. **Complétez** le texte suivant pour répondre à la problématique du cours.

→ La Première et la Seconde Guerre mondiale sont des guerres totales car ....

....

→ De plus, ...

....

→ Enfin, il faut noter que ....

....

Les conséquences sociales et politiques

Problématique **Comment ces deux conflits ont-ils bouleversé le monde ?**

A Le déferlement de violences nouvelles

- La violence des deux guerres mondiales, due aux armes nouvelles, marque les corps (« gueules cassées ») et les esprits. À l'arrière, les civils souffrent également des bombardements ou du rationnement.
- Les populations civiles sont aussi la cible de certaines armées et de massacres de masse. Arméniens, Juifs et Tsiganes sont victimes de **génocides**. Durant la Seconde Guerre mondiale, la distinction entre civils et combattants s'efface : on parle de guerre d'anéantissement.

B La recherche de la paix

- Les 10 millions de morts de la Grande Guerre sont un traumatisme et poussent les États à construire une paix durable : le traité de Versailles (1919) instaure en ce sens la **Société des Nations (SDN)**. Son impuissance est cependant démontrée par les accords de Munich (1938) qui autorisent Hitler à annexer de nouveaux territoires : la SDN ne peut empêcher la Seconde Guerre mondiale.
- En 1945, la charte de San Francisco crée l'**ONU**. Afin de pallier les faiblesses de la SDN, l'ONU est dotée d'un Conseil de sécurité capable de sanctionner les États et dispose d'une force d'intervention.

C Un paysage géopolitique bouleversé

- Durant la Seconde Guerre mondiale, la France est divisée. Le régime de Vichy, antisémite et antidémocratique, organise la collaboration, tandis que la France libre, la résistance intérieure et l'**empire colonial** poursuivent le combat.
- Le rôle joué par les colonies renforce les revendications d'autodétermination des peuples et nourrit l'**anticolonialisme**. Le Royaume-Uni se résigne à l'indépendance de l'Inde en 1947. En Algérie, les manifestations contre la colonisation française se multiplient et suscitent de violentes répressions de la part de l'armée, comme à Sétif et Guelma le 8 mai 1945.
- Les revendications d'indépendance sont soutenues par les deux superpuissances qui émergent de la guerre : les États-Unis et l'URSS, qui jouent désormais un rôle de premier plan au détriment des anciennes puissances européennes.

Notions

- **Anticolonialisme :** remise en cause des principes du système colonial.
- **Empire colonial :** ensemble des territoires sur lesquels s'exerce une domination coloniale.
- **Génocide :** mise à mort programmée, systématique et organisée d'un groupe en raison de son origine, de sa religion ou de son appartenance ethnique.
- **ONU :** Organisation des Nations unies. Instituée en 1945, elle remplace la SDN.
- **SDN :** Société des Nations. Cette organisation internationale est créée en 1919 pour garantir la paix.

À voir

***Au revoir là-haut*, un film d'Albert Dupontel, 2017.**
L'histoire romancée de deux poilus – dont l'un est défiguré par la guerre – qui tentent de vivre et survivre au lendemain du conflit LLS.fr/HG1PDupontel.

Le cours en capsules

L'essentiel du cours en vidéo et en podcast sur LLS.fr/HG1PEXP62.

Un document clé

1 Les vainqueurs organisent le monde d'après

Photographie de la conférence de Yalta, 9 février 1945.

J'apprends mon cours

1. Reliez chaque événement à la bonne date.

Création de l'ONU ○	○ 1938
Création de la SDN ○	○ 1947
Indépendance de l'Inde ○	○ 1945
Accords de Munich ○	○ 1919

2. Doc 1 Qui sont les trois dirigeants réunis lors de la conférence de Yalta ?

Dirigeant 1 .... dirige ....

Dirigeant 2 .... dirige ....

Dirigeant 3 .... dirige ....

Je me réapproprie le cours

3. Répondez à la problématique du cours en rédigeant quelques phrases.

→ ....

....

→ ....

....

→ ....

....

Aide : Je distingue les conséquences des deux guerres mondiales en montrant les points communs mais aussi les différences.

Je révise

Je connais les principales notions Compétence

Associez la définition correspondant à chacune des notions proposées.

Notions		Définitions
Génocide ○		○ Conflit mobilisant l'ensemble des secteurs d'activité, les populations et les ressources d'un pays dans l'effort de guerre.
Empire colonial ○		○ Ensemble des territoires sur lesquels s'exerce une domination coloniale.
Guerre totale ○		○ Mise à mort programmée, systématique et organisée d'un groupe en raison de son origine, de sa religion ou de son appartenance ethnique.

Je connais les repères chronologiques Compétence

Datez et **classez** ces événements dans l'ordre chronologique.

Génocide des Arméniens

....

Début de la Seconde Guerre mondiale

....

Signature du traité de Versailles

....

Appel du général de Gaulle

....

Je contextualise un document iconographique Compétence

1. À l'oral **Décrivez** l'affiche.

2. **Interprétez** l'affiche : Quel message veut-elle faire passer ?

Aide : N'oubliez pas de commenter le slogan !

....

....

....

....

....

....

....

....

Je complète la carte mentale

Complétez la carte mentale en ajoutant les termes suivants :

- → 16 millions de morts
- → Triple-Entente contre Triple-Alliance
- → Traités de paix + SDN
- → Génocide des Juifs et des Tsiganes
- → L'Axe contre les Alliés
- → Mobilisation de toutes les sociétés + propagande
- → Bombes atomiques + ONU
- → + de 60 millions de morts
- → Génocide des Arméniens (1915)

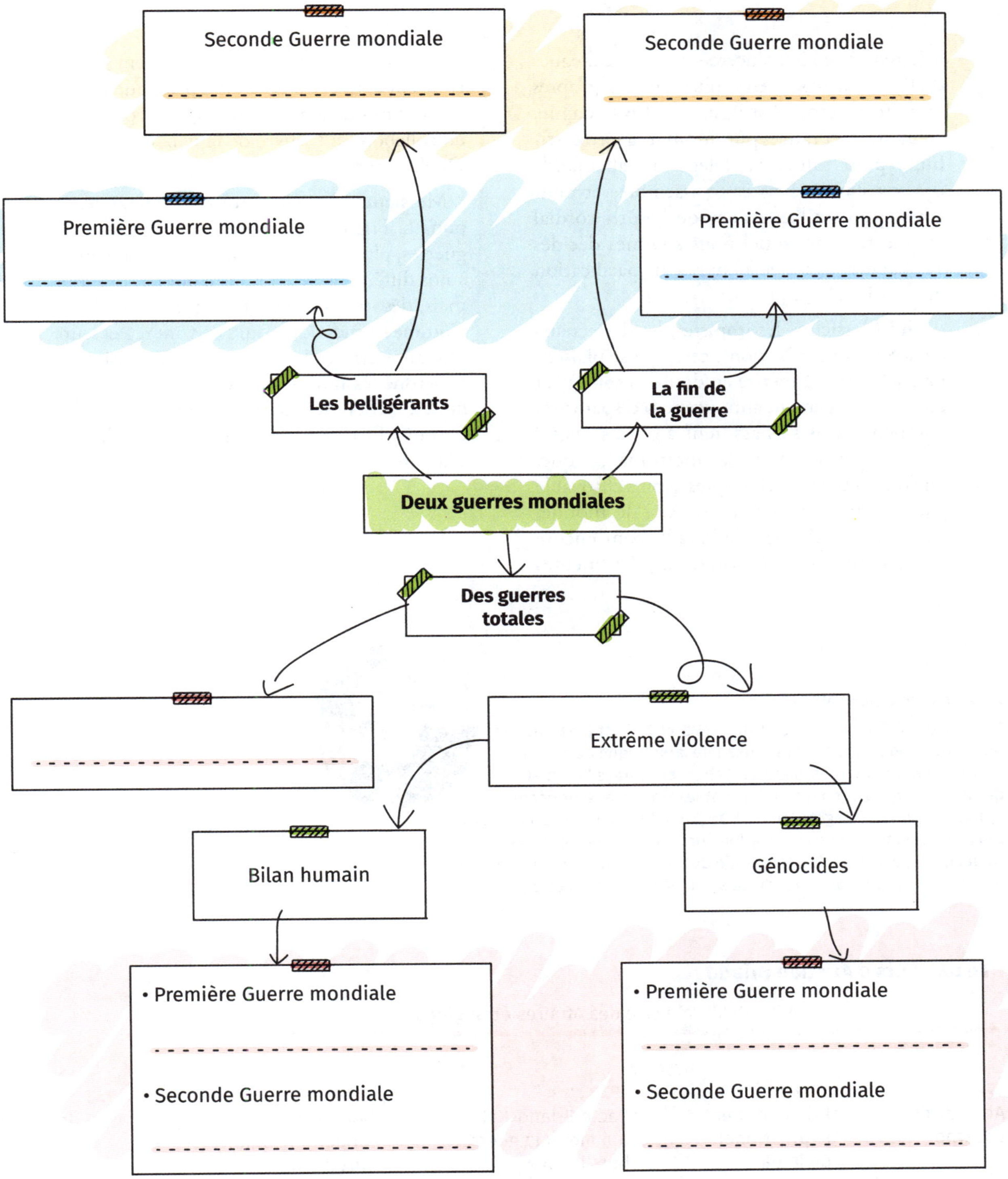

Méthode **Bac**

Je raconte le parcours d'un acteur historique

Capacité > Raconter l'engagement d'un acteur défenseur de la paix.

1 Les ennemis d'hier construisent la paix de demain

Je remercie bien sincèrement mes collègues du Bureau d'avoir bien voulu admettre qu'après le représentant distingué de l'Allemagne, celui de la France pût monter à cette tribune pour saluer la délégation allemande dès son entrée dans cette assemblée et pour vous apporter l'assurance de l'esprit cordial et sincère dans lequel nous sommes décidés à collaborer avec elle à l'œuvre de pacification internationale. [...]

Ah ! Messieurs, les ironistes, les détracteurs de la Société des Nations, ceux qui se plaisent journellement à mettre en doute sa solidité et qui périodiquement annoncent sa disparition, que pensent-ils s'ils assistent à cette séance ? N'est-ce pas un spectacle émouvant [...] que, quelques années à peine après la plus effroyable guerre qui ait jamais bouleversé le monde, alors que les champs de bataille sont encore presque humides de sang, [...] les mêmes peuples qui se sont heurtés si rudement se rencontrent dans cette assemblée pacifique et s'affirment mutuellement leur volonté commune de collaborer à l'œuvre de la paix universelle. Quelle espérance pour les peuples ! [...]

Messieurs, la paix, pour l'Allemagne et pour la France, cela veut dire : [...] plus de guerres, plus de solution brutales et sanglantes à nos différends ! Certes, ils n'ont pas disparu, mais, désormais c'est le juge qui dira le droit. Comme les individus, qui s'en vont régler leurs difficultés devant le magistrat, nous aussi nous réglerons les nôtres par des procédures pacifiques. Arrière les fusils, les mitrailleuses, les canons ! Place à la conciliation, à l'arbitrage, à la paix !

Aristide Briand,
discours à la Société des Nations,
10 septembre 1926.

Aristide Briand (1862-1932)

Ministre des Affaires étrangères de 1925 à 1932, il est porte-parole de la Société des Nations et partisan de la politique de paix et de la collaboration internationale. En 1925, il encourage la signature des accords de Locarno qui stabilisent les frontières européennes et font entrer l'Allemagne dans la SDN. Sa politique de rapprochement franco-allemand et de réconciliation européenne lui vaut de recevoir le prix Nobel de la paix en 1926. Il fait partie des personnalités politiques qui ont le plus marqué la vie politique française du début du XXe siècle.

Numérique

1929, la naissance de l'Europe ? LLS.fr/HG1P1929.

2 Le parcours d'Aristide Briand

1925-1932 : ministre des Affaires étrangères

- **1925 :** Accords de Locarno
- **1926 :** Briand obtient le prix Nobel de la paix
- **1928 :** Pacte Briand-Kellogg qui met « la guerre hors la loi »
- **1929 :** Briand tente de fonder une union européenne
- **1932 :** Mort de Briand

Raconter l'engagement d'un acteur

Construire un récit, en histoire, c'est raconter un fait, ou l'action d'un acteur. Le récit historique s'appuie sur des connaissances (ce que vous avez appris durant le cours et les études de documents), et éventuellement sur un document spécifique, qui sert de support, ainsi que sur des recherches complémentaires.

Quatre points importants à respecter

Étape 1

Le récit est rédigé à la troisième personne du singulier et au présent de narration.

« *En 1926, Aristide Briand obtient le prix Nobel de la paix* » ...

> **Aide :** N'utilisez jamais le futur !

Étape 2

Le récit doit être situé dans le temps.

→ Il faut toujours préciser, dès les premiers mots, la date et le contexte historique.

Étape 3

Le récit doit permettre de mieux comprendre l'action d'un acteur précis (un individu ou un groupe d'individus).

Étape 4

Le récit doit permettre de mieux comprendre les réalités de l'époque étudiée.

→ Il faut mentionner des éléments précis et respecter l'ordre chronologique.

→ Il faut expliquer les conséquences de ces réalités, à court terme et/ou à long terme.

Rédiger un récit

En respectant ces quatre points, **rédigez** un texte d'une dizaine de lignes répondant à la question suivante :

→ Quel est l'engagement d'Aristide Briand en faveur de la paix ?

> **Aide :** Suivez le plan suivant :
> 1. le parcours politique d'Aristide Briand ;
> 2. son rôle durant l'entre-deux-guerres en faveur de la paix ;
> 3. la portée et les conséquences de son action.

....

....

....

....

....

....

....

....

....

....

....

....

1917 : la Première Guerre mondiale à l'écran

Premier conflit majeur filmé par les cinéastes, la Première Guerre mondiale a inspiré des centaines d'œuvres, très variées dans leurs formes et leurs sujets. Le film *1917*, réalisé par Sam Mendes en 2019, en propose une interprétation particulièrement originale. Pour décrire la mission de deux jeunes soldats britanniques à travers les lignes ennemies, le réalisateur donne à son film la forme d'un long plan-séquence. Grand succès public et critique, l'œuvre impressionne par ses qualités techniques, mais suscite des débats sur sa pertinence historique.

1 Le film vu par un historien

On peut considérer que le long-métrage de Sam Mendes est réaliste, car on y reconnaît des aspects qui font partie de l'imagerie collective de la guerre, on voit qu'il a travaillé à partir de photographies, de films d'époque pour reconstituer le front, construire ses décors, mettre en scène certaines situations comme celle du camion embourbé. On voit à plusieurs moments qu'il s'est appuyé sur des documents d'archives pour les reconstituer, dans un contexte fictionnel, d'une façon assez réaliste. Les uniformes sont très fidèles aussi [...]. L'un des aspects qui m'a beaucoup frappé, c'est aussi la dimension esthétique inspirée du jeu vidéo avec une mise en situation immersive du spectateur. [...] On bouge constamment, on est embarqués avec les personnages et c'est sidérant. [...] C'est l'idée centrale de Sam Mendes qui nous embarque dans un périple mouvementé à travers le corps du soldat. Et au final, on a le sentiment d'avoir partagé quelque chose avec ce personnage pendant deux heures.

Extraits d'un entretien avec Laurent Véray, historien du cinéma et spécialiste de la période 1914-1918, *Huffington Post*, 15 janvier 2020.

1. **Présentez** le document.

2. **Expliquez** pourquoi l'historien compare le film à un jeu vidéo.

3. Selon l'historien, le film est-il réaliste ?

4. **Expliquez** pourquoi la Première Guerre mondiale est souvent désignée comme « la guerre des tranchées ».

....

....

....

....

....

....

5. **Décrivez** la scène représentée à droite.

....

....

6. **Identifiez** les nouvelles armes développées durant la Première Guerre mondiale.

◯ L'aviation ◯ Les canons ◯ Les chars d'assaut
◯ La bombe atomique ◯ Les gaz toxiques

7. **Rappelez** quel est le rôle des civils pendant la Première Guerre mondiale.

....

....

....

....

....

8. **Décrivez** la scène représentée à droite.

....

....

9. **Vrai ou faux.**

→ Plus de 50 millions d'obus ont été tirés pendant la bataille de Verdun.

☐ Vrai. ☐ Faux.

→ 20 % des morts sont victimes de tirs d'artillerie.

☐ Vrai. ☐ Faux.

→ Aujourd'hui encore, des tonnes d'obus sont enfouies dans le sol des anciens fronts.

☐ Vrai. ☐ Faux.

THÈME 1

La recomposition du territoire urbain en France : métropolisation et périurbanisation

Initié au XIXe siècle, le processus d'urbanisation s'est accéléré en France durant la seconde moitié du XXe siècle. Aujourd'hui, huit Français sur dix vivent dans un espace urbain. Ce phénomène mondial d'urbanisation provoque des recompositions territoriales multiples sur le territoire national.

Problématique ? **Comment la métropolisation et la périurbanisation transforment-elles le territoire français ?**

1 Le quartier de la Défense
Le quartier d'affaires de la Défense à Paris, en France, en septembre 2018.

1. **Doc 1** **Décrivez** la photographie.

....

....

2. **Doc 1** **Identifiez** les fonctions de cet espace.

....

....

Aide : Quelques fonctions possibles : économique, industrielle, agricole, commerciale, politique, etc.

Je retiens les lieux importants

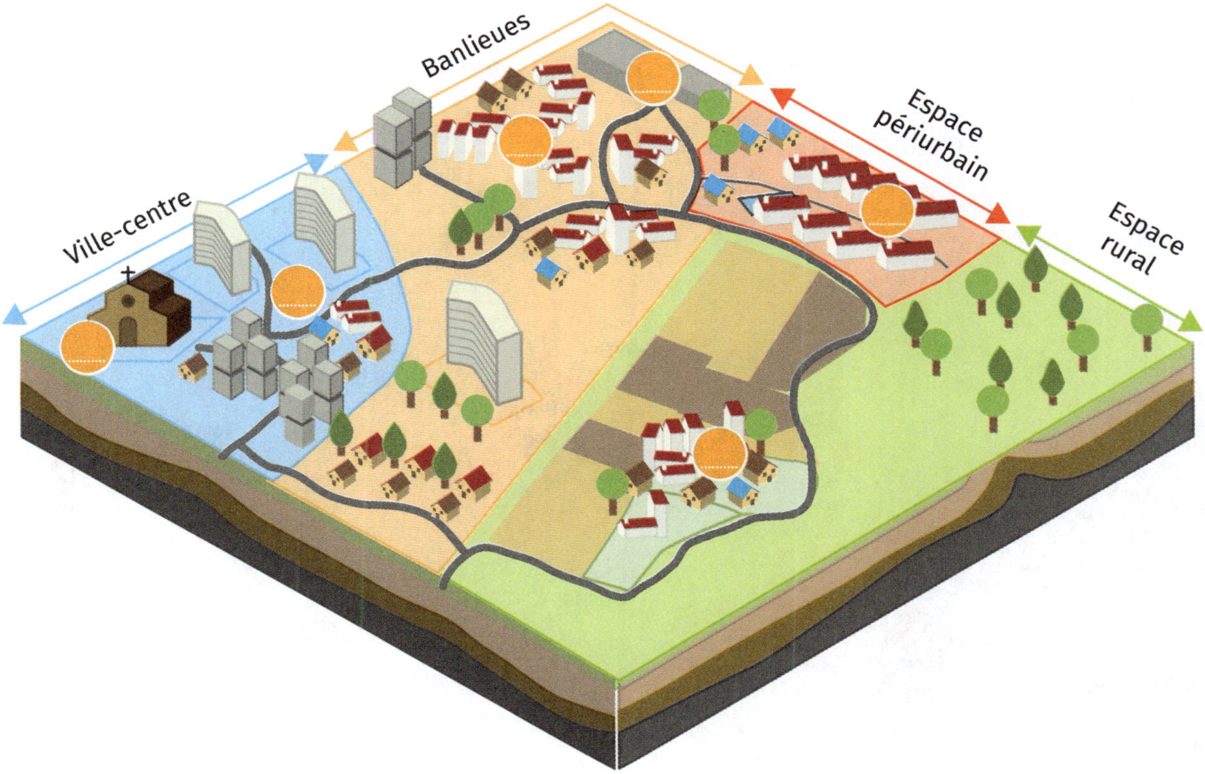

Complétez le schéma en plaçant les numéros aux bons endroits.

1. Le quartier historique.
2. Le quartier d'affaires.
3. Une banlieue résidentielle.
4. De grands centres commerciaux et des zones d'activités.
5. Un village rural rattrapé par l'étalement urbain.
6. De nouveaux lotissements dans l'espace rural.

Bac Je travaille les capacités suivantes...

J'analyse un paysage urbain ou périurbain à partir d'une photographie ou une image satellite pour réaliser le croquis d'un aménagement. **p. 76**	☐ Je maîtrise	☐ Je dois approfondir
Je décris et **j'explique** les mobilités et les activités du quotidien d'une métropole ou d'une commune périurbaine. **p. 78**	☐ Je maîtrise	☐ Je dois approfondir
J'identifie les acteurs intervenant dans l'aménagement d'un territoire périurbain. **p. 82**	☐ Je maîtrise	☐ Je dois approfondir
Je confronte des points de vue sur un aménagement périurbain. **p. 80**	☐ Je maîtrise	☐ Je dois approfondir

Repères

Métropoles et aires urbaines

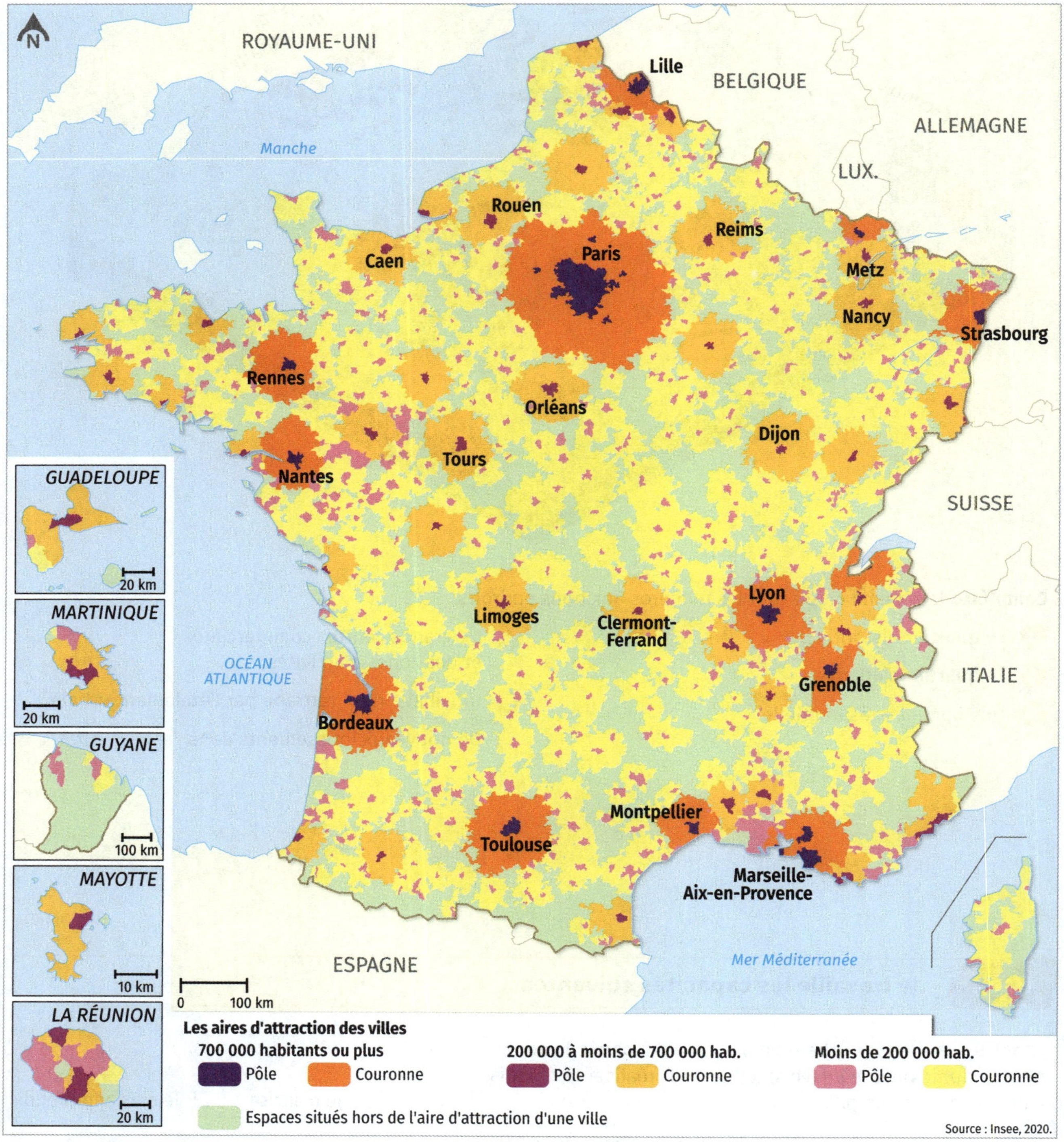

1 Des territoires sous influence urbaine

1. Trouvez les définitions de ces deux notions-clés :

Aire urbaine : ....

Espace périurbain :

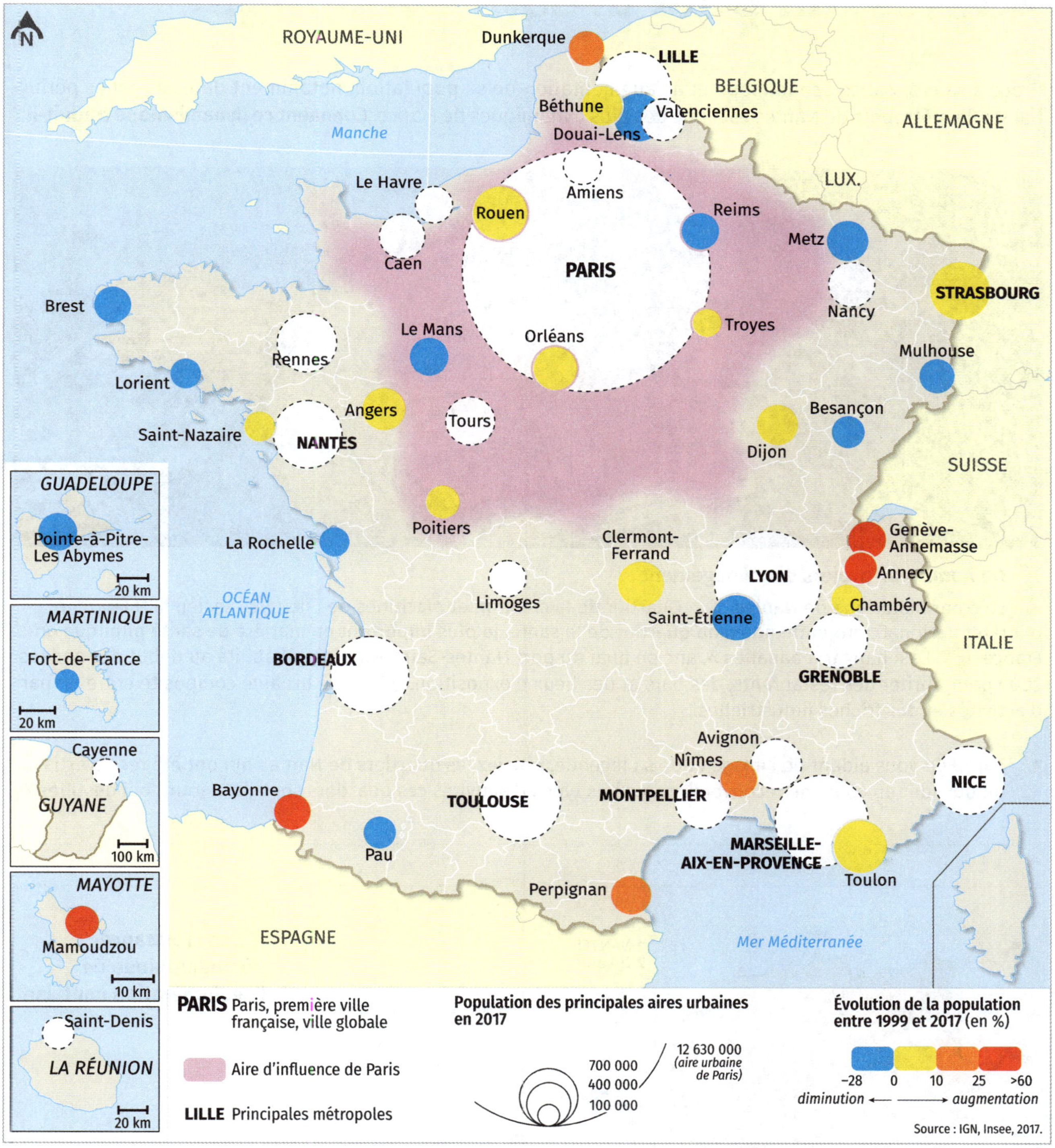

2 **Le système urbain français**

2. **Coloriez** les différentes aires urbaines en fonction de leur dynamisme.

- **Ville ayant perdu de la population entre 1999 et 2017 :** Le Havre • Caen • Valenciennes • Amiens • Nice • Limoges
- **Ville ayant gagné entre 0 et 10 % de population :** Rennes • Paris • Nancy • Grenoble • Aix-Marseille • Avignon • Tours
- **Ville ayant gagné entre 10 et 25 % de population :** Bordeaux • Nantes • Toulouse • Lyon
- **Ville ayant gagné entre 25 et 60 % de population :** Montpellier • Lille • Saint-Denis (La Réunion) • Cayenne

Dossier 1

Nantes, un pôle urbain dynamique

Grâce à sa croissance économique et à l'augmentation de sa population, notamment dans les zones périurbaines, la métropole de Nantes est l'une des plus dynamiques de France. **Comment ce dynamisme se traduit-il ?**

1 De nombreux projets d'aménagement

1 Le cœur historique de Nantes. 2 Quartier de la création et machines de l'île. 3 Ancien MIN (Marché d'intérêt national), projet du nouveau quartier de la santé, le plus important en matière de santé publique en France. 4 Le « hangar à bananes », ancien quai du port Nantes-Saint-Nazaire, réhabilité au début des années 2000 pour abriter des restaurants, des bars et des lieux d'exposition. 5 Zone urbaine composite entre un parc d'activités et des friches industrielles.

1. **Doc 1** En vous aidant de l'image et de sa légende, **relevez** les quartiers de Nantes qui ont été reconvertis ou qui sont en cours de reconversion. À quels types d'activités ces quartiers sont-ils aujourd'hui destinés ?

....

....

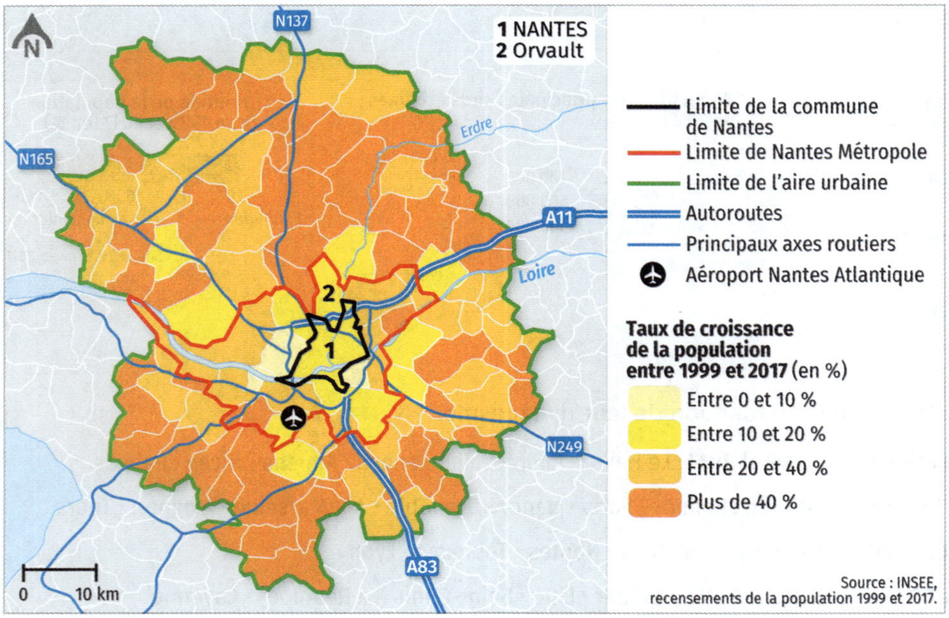

2 La croissance démographique de l'agglomération nantaise

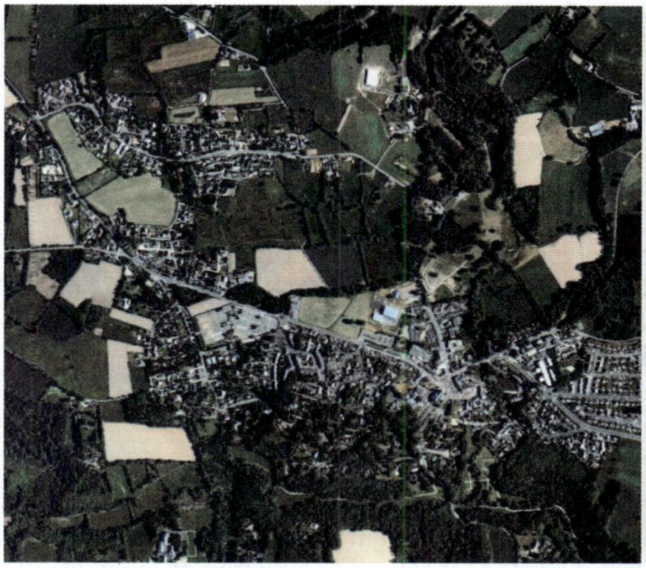

3 La croissance urbaine en 2000 et 2020

Orvault Bourg, centre historique de la commune d'Orvault, située au nord de Nantes Métropole.

2. Doc 3 Localisez la commune d'Orvault à l'aide d'une recherche personnelle. Où est-elle située dans l'aire urbaine ?

....

4 Une saturation des voies de transport ?

Ces dizaines de milliers d'automobilistes recensés mettent en moyenne 27 minutes pour rallier leur lieu d'habitation au centre de Nantes. « Mais le mardi, c'est 20 minutes en plus, soit 47 minutes en moyenne » , assure l'Auran. Soit + 79 % de temps de trajet les mardis maudits.

Par exemple, un habitant d'Héric au nord de Nantes met « au mieux 23 minutes » pour rejoindre le centre de Nantes, « mais entre 8 h et 8 h 45 le mardi matin » , il double quasiment son temps au volant. [...] La hausse des temps de parcours est estimée à quatre minutes de plus, en 2018, par rapport à 2017. « Un constat cohérent avec le dynamisme économique de Nantes et l'augmentation de la population . L'usage de la voiture baisse un peu, mais c'est insuffisant pour diminuer le nombre de véhicules. »

Michel Tanneau, « Accéder en voiture à Nantes : le mardi, jour maudit », *Ouest France*, octobre 2018.

3. Doc 2 et 3 Décrivez l'évolution de cet espace entre 2000 et 2020. Comment peut-on l'expliquer ?

....

....

....

....

....

....

4. Doc 4 Quelles sont les conséquences de la croissance de l'aire urbaine sur les mobilités ?

....

....

....

....

....

Dossier 2 Mission

Réaliser le croquis d'un espace périurbain

Capacité > Analyser un paysage urbain ou périurbain à partir d'une photographie ou d'une image satellite pour réaliser le croquis d'un aménagement.

L'étude de photographies aériennes et d'images satellite permet de mener une analyse géographique des paysages. C'est un outil pour observer des spécificités propres à un espace — ici, les espaces périurbains. **Comment caractériser les espaces périurbains ?**

Comment réussir ma mission ?

À partir des documents, réalisez un croquis de la commune périurbaine de Villars-les-Dombes. Vous montrerez que Villars-les-Dombes est une commune bien insérée dans l'aire urbaine lyonnaise et que ce territoire fait l'objet d'usages variés.

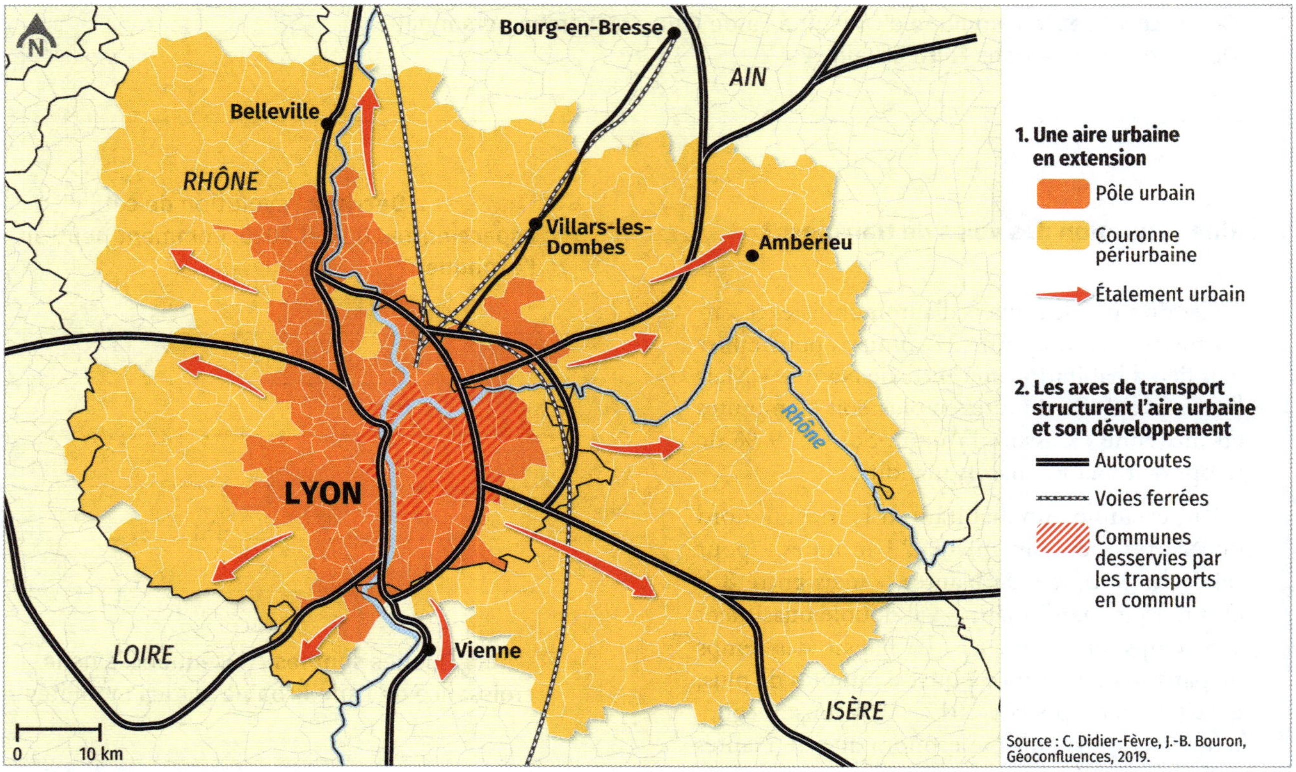

1 L'aire urbaine de Lyon

1. **Doc 1 Localisez** la commune de Villars-les-Dombes et **entourez-la** en rouge sur la carte.

2. **Doc 1** À l'aide de l'échelle, **calculez** la distance qui sépare Villars-les-Dombes du pôle urbain de Lyon.

....

3. **Doc 1** L'étalement urbain veut dire :
- ☐ que l'espace urbain s'étend peu à peu.
- ☐ que les bâtiments urbains forment un tas.
- ☐ que le centre-ville est un espace dynamique.

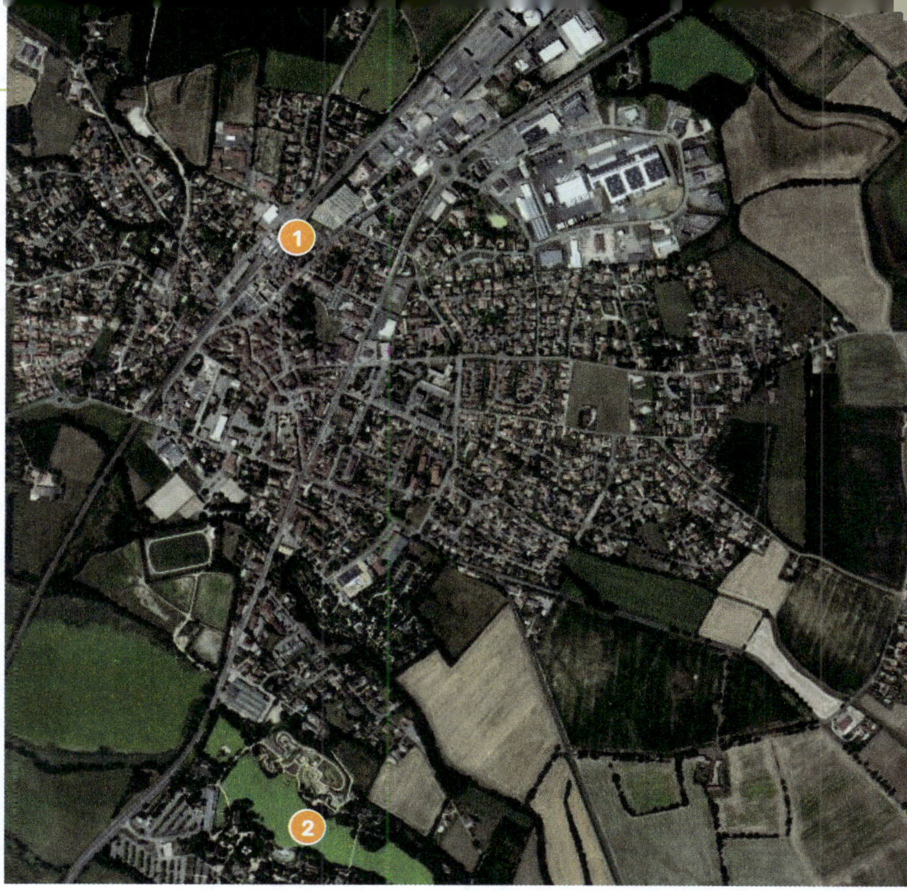

2 Photographie aérienne de Villars-les-Dombes (2018)

1 Gare

2 Parc des oiseaux

Je réalise un croquis Capacité

4. À partir de l'image satellite (**doc 2**), **complétez** la légende et le croquis ci-dessous.

1. Un espace périurbain bien relié à la métropole lyonnaise

- .... de Villars-les-Dombes
- Habitat ....
- ....
- .... Gare de Villars-les-Dombes
- Étalement urbain

2. Un espace périurbain diversifié

- Zones ....
- Espaces agricoles
- Parc des Oiseaux (activités de ....)

Dossier 3 Mission

Habiter en zone périurbaine

Capacité > Décrire et expliquer les mobilités et les activités du quotidien d'un habitant d'une métropole ou d'une commune périurbaine (à l'oral ou à l'écrit).

David et Chloé ont 29 ans et viennent de déménager à Eyragues, une petite commune située à 15 kilomètres d'Avignon. Ils continuent à travailler tous les deux à Avignon. **Quelles sont les mobilités spécifiques des habitants des communes périurbaines ?**

Comment réussir ma mission ?

Les géographes travaillent souvent sur des entretiens individuels qui permettent de savoir comment les individus perçoivent leurs espaces respectifs et quelles sont leurs pratiques. Lisez l'entretien ci-dessous, puis réalisez une enquête géographique sur une personne de votre entourage vivant dans une commune périurbaine !

Étape 1 La localisation

« Nous avons acheté une maison à Eyragues. C'était deux fois moins cher qu'à Avignon ! Maintenant nous avons un grand jardin et nous sommes au calme ! »

Étape 2 Les mobilités domicile-travail

« Nous n'avons qu'une seule voiture. Nous partons à 6h du matin de chez nous : Avignon est à 30 minutes de la maison mais avec les bouchons il nous faut souvent presque une heure pour arriver au centre-ville. C'est long et fatigant, surtout le soir. La mairie veut créer des lignes de bus supplémentaires : ce serait une bonne nouvelle... »

Étape 3 Les activités du quotidien

« Eyragues offre moins d'activités culturelles qu'Avignon mais c'est plus facile de profiter de la nature. Le week-end, Chloé va faire du vélo au bord du canal, à environ 5 km de là. David préfère prendre la voiture et aller faire les boutiques dans le centre-ville d'Avignon ou même parfois à Marseille. »

Parcours 1 • À l'écrit

Après avoir choisi la personne avec qui vous voulez réaliser cet entretien, **relevez** :

L'endroit où elle vit : ....

L'endroit où elle travaille : ....

Comment se déplace-t-elle entre ces deux endroits ? Combien de temps cela prend-il ? ....

....

....

Quels sont ses loisirs ? A-t-elle besoin de se déplacer pour les pratiquer ? ....

....

....

Parcours 2 • Je réalise une carte d'un espace vécu

Après avoir choisi la personne avec qui vous voulez réaliser cet entretien, **représentez** dans le cadre ci-dessous, à main levée :

1. l'endroit où elle vit.
2. l'endroit où elle travaille.
3. le mode de transport qu'elle utilise pour se rendre à son travail et le temps que cela prend.
4. les lieux où elle se rend pour ses loisirs et le mode de transport qu'elle utilise pour cela.

Numérique

Retrouvez la carte mentale de l'espace vécu de Chloé et David LLS.fr/HG1PEXP79.

Plus à l'aise à l'oral ?

Réalisez le parcours 1 et **enregistrez** vos réponses sur votre téléphone ou à l'aide de LLS.fr/LaboAudio.

La création de la ZAC de Corbeville, du conflit d'usage aux débats

Capacité > Confronter des points de vue sur un aménagement périurbain (débat) en exerçant son esprit critique.

Dans le cadre d'une Opération d'intérêt national définie par l'État, l'Établissement public d'aménagement Paris-Saclay (EPAPS) a pour mission de donner une nouvelle attractivité au plateau de Saclay. Le projet de la Zone d'Aménagement Concertée (ZAC) de Corbeville entraîne des conflits d'usage entre différents acteurs de ce territoire. **Quels débats le projet d'aménagement de la ZAC de Corbeville soulève-t-il ?**

1 Corbeville, la troisième ZAC de Paris-Saclay

La ZAC vient de faire l'objet d'une enquête publique (du 7 septembre au 7 octobre 2020). [...]

Il s'agissait en particulier de répondre aux nombreuses critiques émises par plusieurs associations de défense de l'environnement ou de préservations des terres agricoles, regroupées notamment dans le collectif OIN Saclay [...]. Ces dernières combattent la création de la ZAC depuis le lancement du processus. « On a tout faux sur ce territoire en matière d'aménagement. Pourquoi densifier encore un secteur déjà pas mal bâti ? On aurait dû conserver beaucoup plus de terres agricoles du plateau de Saclay pour le développement des circuits courts », dénonce ainsi Jean-Pierre Moulin, président de France Nature Environnement Essonne.

David Ros, le maire (PS) d'Orsay et conseiller départemental, conteste l'argument : « Les associations oublient qu'à côté de ces 96 hectares urbanisés, 2 300 hectares de terres agricoles ont été sanctuarisés. »

Alain Piffaretti, « Essonne : Corbeville, la troisième ZAC de Paris-Saclay », *Les Échos*, 9 octobre 2020.

Étape 1 Identifier des arguments

1. Doc 1 Qu'est-ce qu'une enquête publique ? Que sont les circuits courts ?

....

....

....

2. Doc 1 **Identifiez** ce que dénoncent les associations de défense de l'environnement.

....

....

....

3. Doc 1 Que répond le maire à ces critiques ?

....

....

....

Étape 2 ⚡ Comprendre l'opposition d'acteurs

4. **Doc 2** Que réclament les habitants d'Orsay ?

....

....

....

....

....

....

....

....

3 Expo universelle 2025 : la critique de la bétonisation

Caricature de Red !, 2017.

Le site de Paris-Saclay avait été envisagé pour accueillir l'Exposition universelle de 2025. Après des contestations, ce projet a été retiré par le gouvernement en 2018.

2 Les exigences des habitants d'Orsay

Lors du conseil municipal du 31 janvier 2019, la commune a ainsi adopté une délibération faisant part des exigences qu'elle portait pour Orsay et les Orcéens quant à l'aménagement programmé de la zone de Corbeville. [...] La ville est parvenue à obtenir satisfaction sur de nombreux points :

- un espace réservé pour la réalisation d'un nouvel hôpital moderne et adapté aux nouveaux besoins ;
- un espace réservé pour une nouvelle caserne de pompiers ;
- la réduction du nombre de logements proposés : de 2 000 lits étudiants et 2 000 logements familiaux à 1 200 lits étudiants et 1 590 logements familiaux ;
- 8,6 hectares de terres agricoles à destination de l'Inra. Valorisation des bio-déchets urbains, micro-ferme maraîchère expérimentale, lieu récréatif aussi pour le grand public.

Des équipements publics nombreux [...] : deux crèches [...], un groupe scolaire de 15 classes [...], un pôle sportif de quartier [...].

« Plateau de Saclay – Corbeville », www.mairie-orsay.fr.

Étape 3 ⚡ Confronter des points de vue

5. À partir de l'ensemble des documents, **complétez** le tableau suivant.

Arguments des acteurs favorables à la création de la ZAC	Arguments des acteurs opposés à la création de la ZAC
....	....
....	....
....	....
....	....
....	....
....	....

Habiter durablement : l'exemple de Langouët

Capacité > Identifier des acteurs intervenant dans l'aménagement d'un territoire.

Situé en Ille-et-Vilaine, à une vingtaine de kilomètres au nord de Rennes, le village de Langouët, compris dans l'aire urbaine de Rennes, aménage son territoire de 600 habitants en proposant des formes d'habiter qui répondent à des objectifs de développement durable. **Quelles solutions d'aménagements durables sont proposées par la commune de Langouët et ses habitants ?**

1 L'éco-hameau du Clos des Marivoles

Source : mairie de Langouët, 2020.

1. **Doc 1 et 2** À partir des deux documents, **complétez** le schéma suivant :

Favoriser la transition écologique à Langouët

Cadre de vie
- ....
- ....

Rôle des habitants
- ....
- ....

Mobilités
- ....
- ....

Rôle de la mairie
- ....
- ....

2 Langouët, un territoire 100 % écologique ?

Ferme en permaculture, serres photovoltaïques, habitats légers, préservation des terres agricoles, voies piétonnes… À en croire les murs de son bureau, Daniel Cueff ne manque pas d'inspiration pour faire de son village une commune écologique. […] Ce jour-là, l'édile[1] prépare la présentation de son dernier projet : l'installation d'un panneau solaire destiné à fournir de l'électricité verte à une partie des habitants. Les bâtiments publics de Langouët produisent déjà tous leur électricité. La nouvelle installation photovoltaïque […] sera un nouveau pas vers l'entière autonomie énergétique de ce petit village breton, que le maire souhaite atteindre d'ici à dix ans. […] C'est également sous l'impulsion de Daniel Cueff qu'est construit à Langouët le premier écolotissement de Bretagne en 2005, suivi d'un deuxième en 2010. […]

Cette politique écologique se heurte néanmoins à des obstacles qui rappellent, en creux, que Langouët ne peut pas tout inventer seul. Avec 90 % des habitants travaillant sur le bassin rennais, le village ne réussit pas à se passer des voitures ; et la mise à disposition d'une voiture électrique en autopartage ou encore le service intercommunal de location de vélos électriques n'y suffisent pas. […] L'agriculture chimique, toujours pratiquée par la plupart des agriculteurs du village, en est un autre. Fin mai, le maire a pris un arrêté interdisant l'usage des pesticides à moins de 150 mètres des habitations pour « forcer la transition », mais la préfecture lui intime de le retirer, au motif qu'il s'agit d'une compétence relevant du ministère de l'Agriculture.

Éléa Pommiers, « Daniel Cueff, le maire breton qui invente le village de l'après-pétrole », *Le Monde*, 12 septembre 2019.

1. Le maire.

2. Dans le texte, **soulignez** :
en rouge les mesures liées à l'énergie ;
en vert les mesures liées aux transports ;
en bleu les obstacles rencontrés par le maire.

3. **Reliez** ces acteurs à leurs objectifs :

Le maire de Langouët ○		○ Faire appliquer la loi
Le préfet ○		○ Défendre l'usage des pesticides
Le ministère de l'Agriculture ○		○ Engager le village et ses habitants dans une transition écologique
Les habitants de Langouët ○		○ Vivre mieux à Langouët mais continuer à travailler à Rennes

4. Sur le modèle de la politique menée à Langouët, **imaginez** plusieurs mesures que vous pourriez mettre en œuvre dans votre commune pour accélérer la transition écologique.

……………………………………………………………………………………………
……………………………………………………………………………………………
……………………………………………………………………………………………
……………………………………………………………………………………………
……………………………………………………………………………………………
……………………………………………………………………………………………

5. À l'oral **Organisez** un débat en binôme : l'un de vous incarne le maire de Langouët, qui veut interdire l'usage des pesticides trop près des habitations, l'autre le préfet, qui refuse cette interdiction.

Une France urbaine : la métropolisation du territoire

Problématique Quelles sont les dynamiques urbaines en France ?

A Un territoire structuré par les espaces urbains

- Depuis 2007, plus de 50 % de la population mondiale vit en ville. En France, la population devient majoritairement urbaine en 1963 et aujourd'hui plus de 80 % des habitants vivent dans les **aires urbaines**. Ce chiffre est en constante augmentation.

- Une part de plus en plus importante de la population active vit dans des espaces périurbains et travaille dans le **pôle urbain**. Cette évolution est liée à l'essor des **mobilités**, en particulier en voiture, à la hausse des prix de l'immobilier dans les centres-villes et de plus en plus au souhait de vivre dans des espaces perçus comme plus naturels.

- Avec l'étalement urbain, les zones sous influence urbaine s'étendent au détriment des **espaces ruraux**. En effet, les lotissements pavillonnaires, les zones commerciales et d'autres **aménagements** s'implantent dans d'anciens espaces ruraux souvent agricoles.

B Le poids de Paris et des métropoles régionales

- Le territoire français est structuré par la **métropolisation**, qui découle de la mondialisation. L'aire urbaine parisienne est le premier bassin d'emploi en France et la métropole parisienne regroupe 20 % de la population française.

- Les **métropoles** régionales sont de plus en plus influentes. Des métropoles comme Lyon ou Marseille concentrent les emplois qualifiés, les sièges sociaux, les activités de recherche et développement, ainsi que des fonctions internationales. Leur aire d'influence s'étend avec la périurbanisation.

C Des villes moyennes et petites au rayonnement contrasté

- En 2014, plus de la moitié des urbains vivaient dans des villes moyennes (de 20 000 à 200 000 habitants) et petites (de 5 000 à 20 000 habitants).

- Les dynamiques de ces villes varient selon les régions. Dans les anciennes régions industrielles, les villes souffrent d'une perte d'attractivité liée à la désindustrialisation, ce qui se traduit par de forts taux de chômage et la fermeture des services publics. À l'inverse, certaines villes attirent des habitants et des activités grâce au dynamisme de métropoles voisines ou à des politiques publiques ciblées.

Notions

- **Aire urbaine :** espace composé d'un pôle urbain et d'une couronne périurbaine.
- **Aménagement :** action qui consiste à transformer l'espace pour répondre à des besoins.
- **Espace rural :** regroupe l'ensemble des petites unités urbaines et communes rurales n'appartenant pas à l'espace à dominante urbaine.
- **Métropole :** grande ville où sont concentrés les lieux de commandement politique, économique et culturel.
- **Métropolisation :** concentration des populations, des activités et des fonctions de commandement dans les villes.
- **Mobilité :** déplacement d'une ou plusieurs personnes pour des motifs variés (loisirs, travail, études, etc.).
- **Pôle urbain :** espace composé d'une ville-centre et de ses banlieues.

Le cours en capsules

L'essentiel du cours en vidéo et en podcast sur LLS.fr/HG1PEXP84.

Un document-clé

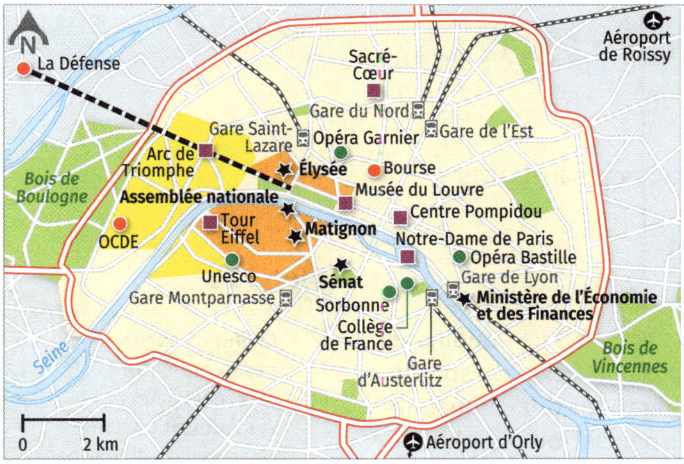

1. Des fonctions politiques et économiques
- Quartiers des ambassades
- Quartiers des ministères
- Sièges d'institutions politiques nationales
- Lieux de commandement économique et financier
- Axe des affaires

2. Des fonctions culturelles
- Principales institutions culturelles
- Monuments et musées de renommée internationale

3. Une ville bien reliée au territoire national et au monde
- Voies ferrées
- Périphériques et autoroutes
- Aéroports internationaux

Source : *Atlas de Paris*, Autrement, 2012.

1 Paris, ville mondiale

J'apprends mon cours

1. **Doc 1** **Expliquez** l'importance de la métropole parisienne, à plusieurs échelles.

....

....

....

....

....

....

....

....

2. **Complétez** le schéma suivant :

Schéma de l'aire urbaine

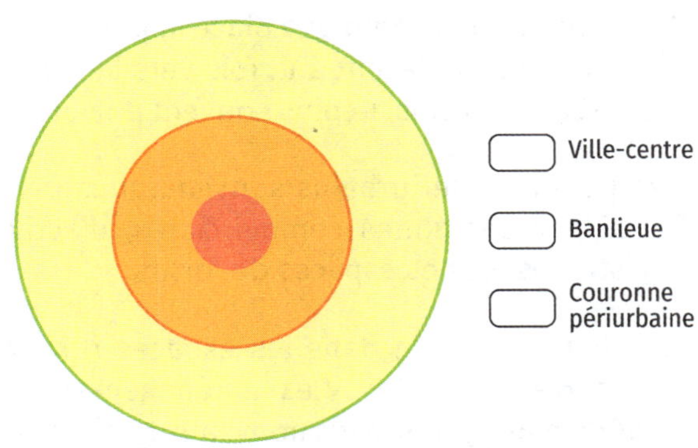

Je me réapproprie le cours

3. Vous devez **expliquer** à votre petit frère ou petite sœur, élève en classe de 4e, ce qu'est la « métropolisation ». Faites une réponse simple et claire et pensez à donner des exemples précis.

→ ....

....

....

→ ....

....

→ ....

....

Aide : J'utilise les mots grande ville, concentration, dynamisme, rayonnement.

Périurbanisation et recompositions territoriales

Problématique Comment évoluent les espaces périurbains ?

A Étalement urbain et périurbanisation

- Depuis les années 1960, la croissance des villes a entraîné un étalement urbain, à partir de la ville-centre vers les banlieues puis vers les espaces ruraux environnants. Les périphéries des agglomérations ont connu une forte croissance démographique et une forte urbanisation : le phénomène se nomme la périurbanisation.

- La périurbanisation est rendue possible par l'essor de la voiture individuelle et des mobilités. Les habitants effectuent donc des déplacements quotidiens entre les espaces périurbains et le pôle urbain dans le cadre des **mobilités pendulaires** ou pour leurs loisirs.

B Un mode de vie périurbain marqué par la mobilité

- Les mobilités occupent une place importante dans les modes de vie : les habitants se déplacent à la fois vers la ville-centre et vers les villages périurbains voisins, le plus souvent en voiture.

- Les paysages périurbains sont marqués par l'habitat individuel mais aussi par des zones commerciales, d'activités (bureaux, entrepôts logistiques) et des espaces de loisirs.

- L'étalement urbain dans les espaces ruraux se réalise au détriment des terres agricoles. Ces aménagements peuvent provoquer des **conflits d'usage** entre les nouveaux habitants, les acteurs des territoires et les populations locales.

C Un modèle remis en question

- Dans les espaces périurbains, situés entre la ville et la campagne, se pose la question de l'accès aux services : l'installation de nouveaux habitants, souvent avec des enfants, entraîne des évolutions des services publics locaux (écoles, crèches) qui doivent s'adapter.

- De nouvelles formes d'**habiter** et de mobilités, qui prennent en compte les **objectifs du développement durable**, se développent dans ces espaces. L'agriculture de proximité se développe avec les AMAP.

- Ces initiatives répondent à des objectifs environnementaux mais aussi sociaux : elles peuvent participer au développement d'une vie associative et d'une mixité sociale dans les **espaces périurbains**.

Notions

- **Conflit d'usage :** désaccord entre différents acteurs sur l'utilisation d'une ressource ou d'un espace.
- **Espace périurbain :** endroit où se diffuse l'urbanisation dans un espace encore rural.
- **Habiter :** représente l'interaction entre l'espace et l'individu. L'habiter implique l'ensemble des activités humaines (travail, résidence, loisirs, etc.).
- **Mobilité pendulaire :** déplacement quotidien entre le domicile et le lieu de travail.
- **Objectifs de développement durable :** désignent les dix-sept objectifs établis par les États membres des Nations unies afin de répondre aux défis mondiaux liés à la pauvreté, aux inégalités, au climat, à la dégradation de l'environnement, à la prospérité, à la paix et à la justice.

Le cours en capsules

L'essentiel du cours en vidéo et en podcast sur LLS.fr/HG1PEXP86.

Un document-clé

1 La zone commerciale de Plan-de-Campagne dans les Bouches-du-Rhône

Créée en 1960 sur le territoire des communes des Pennes-Mirabeau et de Cabriès, à proximité de Marseille, Plan-de-Campagne est la plus grande zone commerciale à ciel ouvert d'Europe et la quatrième zone commerciale la plus visitée de France.

J'apprends mon cours

1. Complétez les phrases suivantes :

L'espace périurbain est marqué par un habitat de type ....

L'étalement urbain entraîne souvent des conflits d'usage entre ....

Les habitants des espaces périurbains se déplacent surtout en ....

2. Doc 1 Décrivez le paysage et **expliquez** quelle est la fonction de cet espace périurbain.

....

....

....

Je me réapproprie le cours

3. Répondez à la problématique du cours en suivant le plan suivant :

→ *Définir la notion :* Les espaces périurbains sont des espaces ....

....

....

→ *Montrer la diversité de ces espaces :* Les espaces périurbains sont variés : ....

....

....

→ *Expliquer les évolutions contemporaines de ces espaces :* Ces espaces se transforment ....

....

....

....

Je révise

Je maîtrise les repères géographiques Compétence

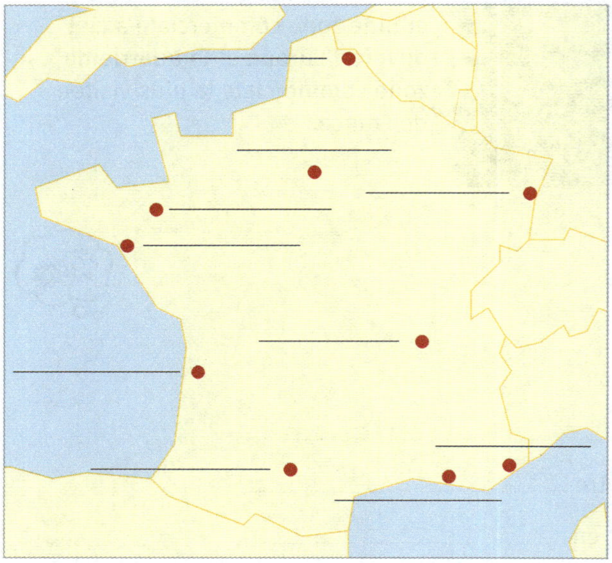

Localisez sur le fond de carte les 10 principales aires urbaines françaises.

J'identifie différents espaces urbains et je décris leurs fonctions

1 Marseille, la deuxième plus grande ville de France

Vue aérienne de Marseille, 2020.

Numéro sur la photo	Espace	Fonction
....	Centre-ville	....
....	Port	....
....	Espace résidentiel	....

Je complète la carte mentale

Complétez la carte mentale en ajoutant les termes suivants :

- → Des dynamiques
- → Voiture
- → Quartier des affaires
- → Étalement urbain
- → Lieux de décision politique

La recomposition du territoire urbain en France

Métropolisation

Je définis la notion

Des fonctions diverses

Attractivité touristique

Périurbanisation

Je définis la notion

Enjeux d'aménagement durable

Des mobilités spécifiques de la

Méthode **Bac**

Je réalise la légende d'un croquis de synthèse

Compétence > Compléter ou réaliser un croquis simple de géographie.

Qu'est-ce qu'un croquis de synthèse ?

Un croquis est une représentation graphique simplifiée, qui fait la synthèse des éléments qui organisent un territoire. Il ne sert pas uniquement à localiser des phénomènes mais les explique en répondant à une problématique. Il met en évidence les éléments qui structurent l'espace et qui le caractérisent. Le croquis en géographie repose sur un langage cartographique lisible par tous.

J'apprends à utiliser des figurés

	Ponctuel	Linéaire	Surface
Principaux figurés		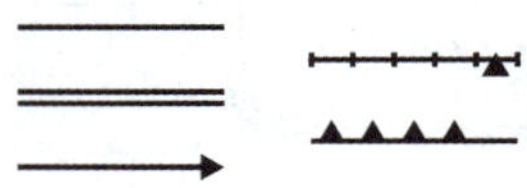	 plages colorées hachures pointillés
Distinguer des phénomènes de nature différente et des types de flux	- varier la forme  - varier la couleur 	- varier ....  - varier .... 	- varier la couleur 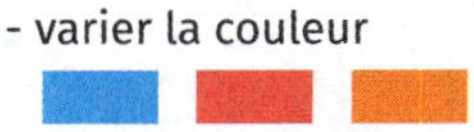 - varier le sens des hachures 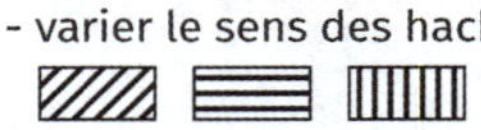 - varier les types de points 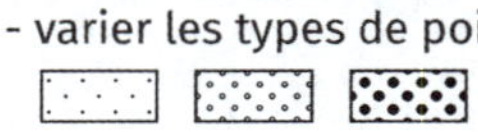
Hiérarchiser des phénomènes de même nature et des flux	- varier la taille  - varier le ton d'une couleur 	- varier .... 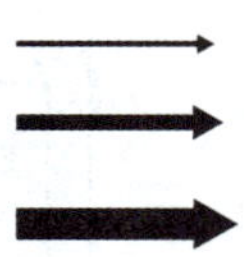	- varier le ton d'une couleur 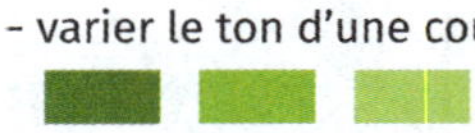 - varier la taille des hachures  - varier la densité des points 

Conseil : On n'utilise pas des marqueurs fluo ni de crayons à papier pour faire des figurés.

À partir du tableau, **répondez** aux questions suivantes :

1. Pour représenter des lignes de train sur une carte, quel type de figuré dois-je utiliser ?

2. Comment puis-je faire si je veux distinguer des autoroutes et des TGV ?

3. Si je veux représenter un espace maritime, j'utilise :

- ☐ un figuré de surface bleu.
- ☐ un figuré de surface de n'importe quelle couleur.
- ☐ un figuré ponctuel avec un symbole d'ancre.

4. Reliez les figurés aux phénomènes qu'ils peuvent illustrer :

Espace urbanisé	○	○	✸
Conflit d'usage entre acteurs	○	○	(figuré hachuré)
Étalement urbain	○	○	➞
Ligne de métro	○	○	—

Je mets en application sur un croquis

5. Dans ce croquis, **indiquez** à quoi correspond le figuré « ligne noire ».

- ☐ Des espaces urbanisés
- ☐ Des axes de transport
- ☐ Des déplacements touristiques

6. **Cochez** le figuré choisi pour représenter les métropoles.

- ☐ Un triangle noir
- ☐ Un figuré hachuré
- ☐ Un figuré de petite ville

7. **Choisissez** le titre de ce schéma.

- ☐ La métropolisation en France
- ☐ La place de Paris en France
- ☐ Les espaces périurbains en France

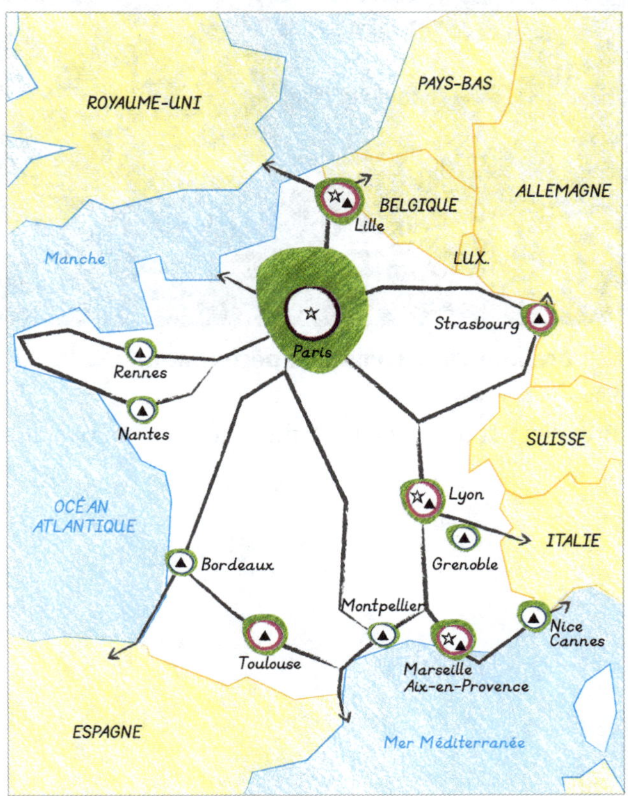

Méthode Bac

Je réalise un croquis de synthèse

Compétence > Compléter ou réaliser un croquis simple de géographie.

Je réalise un croquis

1 Breuillet, une commune périurbaine
Photographie aérienne, 2015.

Breuillet est une commune située à 35 kilomètres au sud-ouest de Paris, dans le département de l'Essonne.

Conseil : Le sujet bac se compose généralement d'une ou plusieurs images satellites ou photographies aériennes permettant de repérer différents espaces sur un même territoire.

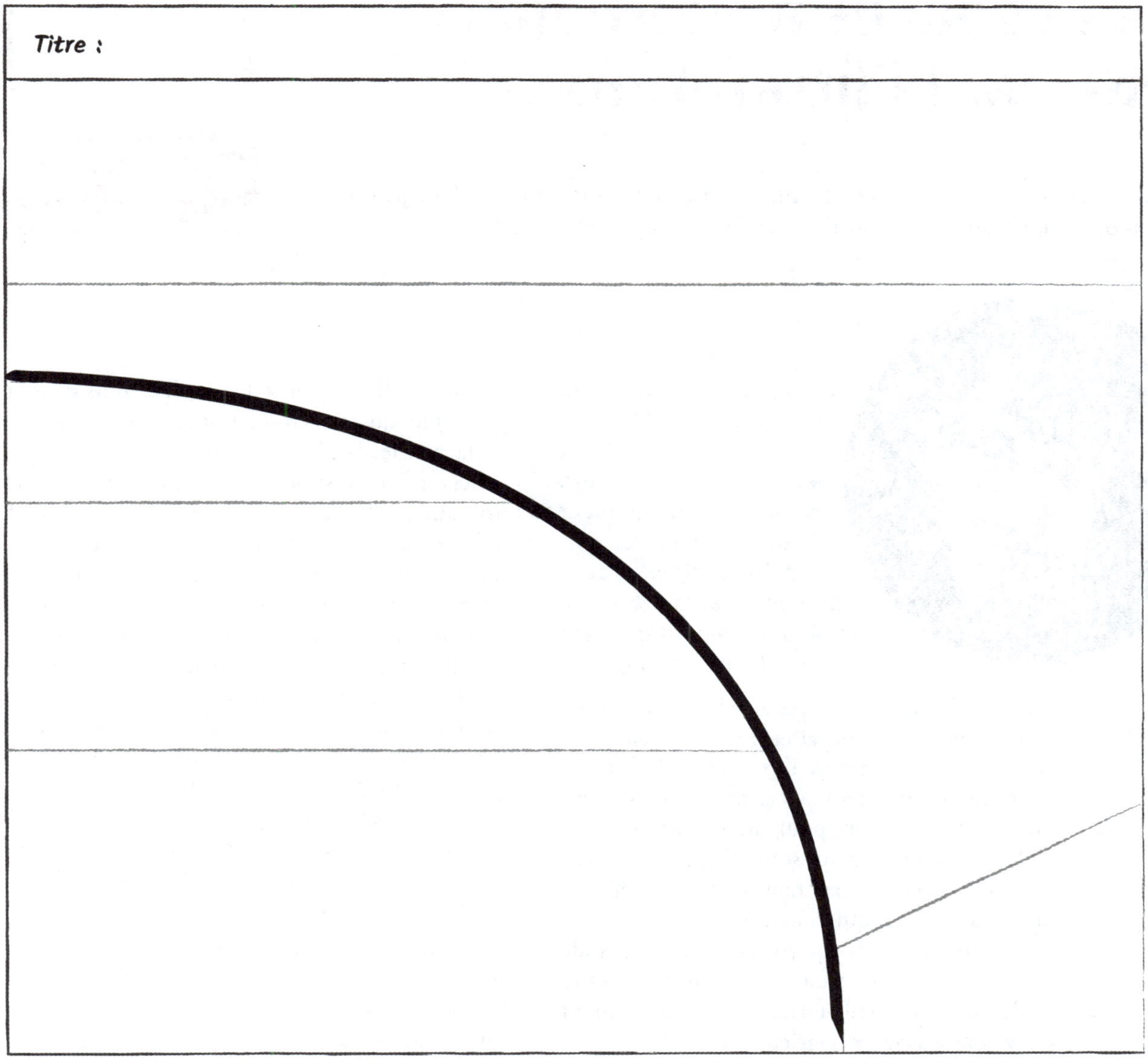

Légende

- Habitat pavillonnaire
- Espace agricole
- Zone industrielle
- Zone commerciale
- Axes de communication

À partir de la photographie et de la légende qui vous est proposée, **reportez** les différents espaces sur le fond de croquis.

Conseil : Appliquez-vous pour colorier : les figurés de surface doivent être les plus homogènes possibles.

Numérique

Le corrigé du croquis à retrouver sur LLS.fr/HG1PEXP93.

Les espaces périurbains vus par la littérature

Fief est un roman de David Lopez qui raconte la vie quotidienne d'un groupe de jeunes dans un espace situé entre la campagne et la ville.

Quelque part entre la banlieue et la campagne, là où leurs parents ont eux-mêmes grandi, Jonas et ses amis tuent le temps. Dans cet univers à cheval entre deux mondes, où tout semble voué à la répétition, leur « fief », c'est aussi le langage.

On habite une petite ville, genre quinze mille habitants, à cheval entre la banlieue et la campagne. Chez nous, il y a trop de bitume pour qu'on soit de vrais campagnards, mais aussi trop de verdure pour qu'on soit de vraies cailleras. Tout autour, ce sont villages, hameaux, bourgs, séparés par des champs et des forêts. Au regard des villages qui nous entourent, on est des citadins par ici, alors qu'au regard de la grande ville, située à un peu moins de cent kilomètres de là, on est des culs-terreux. Personnellement je n'y connais rien en agriculture.

Un affluent coupe la ville en deux. Le courant remonte du sud vers le nord, vers la grande ville. La rive est, c'est là qu'il y a les deux cités, les Tours situées sur la colline et les Bâtiments, plus loin, avec le commissariat entre les deux, et puis l'hôpital, la cité scolaire, l'autoroute, la zone d'activité commerciale avec ses magasins tout flingués, ses tout à dix balles et ses marchés discount. La rive ouest, c'est le centre-ville dès qu'on passe le pont, l'église, une place, quelques cafés, des commerces en difficulté, et puis les rues adjacentes. Ils ont fermé la librairie récemment. Autour d'ici c'est agricole et ouvrier. Ça implique que dans le centre il y ait autant d'agences d'intérim que de boulangeries. Après le centre-ville, on passe le canal, et puis c'est la gare, et les quartiers résidentiels, articulés autour de la mairie, la piscine municipale, le stade, le collège privé, le supermarché. Et tout au bout, une autre colline, qui fait face à l'autre, sauf qu'à défaut d'une cité de tours on y trouve des maisons luxueuses. À l'ouest, il y a plusieurs lotissements comme celui dans lequel j'ai grandi et où je vis toujours. Ils communiquent plus ou moins entre eux, les jeunes de là-bas traînent ensemble. Le nôtre il est à l'écart, plus proche du centre-ville. Plus à l'est. Ça fait qu'on ne s'est jamais vraiment identifiés aux mecs des pavillons, alors que comme eux on venait des lotissements. Déjà nous, on n'avait pas de scooters. Quand des mecs de là-bas traînaient avec des mecs de cité, c'était généralement pour les trimballer à droite à gauche avec le leur.

La cité scolaire est située sur la rive est, entre les deux cités de la ville, les Tours et les Bâtiments. Tous les lascars de là-bas on les retrouvait ici, dans ces deux collèges, et un peu moins dans le lycée. Les trois établissements donnent sur une gare routière, point de convergence. Tout ce qui était règlements de comptes, coups de pression, conciliabules, embrouilles, tout ça, c'était là. Vu que mes potes et moi on était des Pavillons on n'était pas pris au sérieux. Pour ceux des Tours en particulier on se la racontait, parce qu'on s'habillait comme eux, parce qu'on copiait leurs attitudes, alors qu'on avait chacun notre chambre et que nos fringues de marque n'étaient pas tombées du camion. Pas crédibles les mecs, à vouloir jouer les lascars.

Fief, David Lopez, Seuil, 2017.

L'écho des temps

Certaines œuvres questionnent des enjeux géographiques, comme des romans (*Leurs enfants après eux*, Nicolas Mathieu) ou des chansons (« Banlieusard », Kery James).

Je fais lien avec le Français

1. Que veut dire l'auteur ? **Expliquez** le sens de ces phrases.

« Chez nous, il y a trop de verdure pour qu'on soit de vraies cailleras »	« Au regard de la grande ville, on est des culs-terreux »	« Une gare routière, point de convergence »
....	....	....
....	....	....
....	....	....
....	....	....
....	....	....

Parcours 1 Capacité

À partir de ce texte, **complétez** le croquis en ligne LLS.fr/HG1PEXP95 de la ville imaginaire décrite par le narrateur.

Parcours 2 Capacité

Comme le narrateur, **rédigez** un texte dans lequel vous décrivez votre territoire, le « fief » dans lequel vous vivez et qui vous définit.

→ Consignes : utilisez la première personne du singulier (« je ») ou du pluriel (« nous »).
→ Utilisez un vocabulaire géographique précis.

....

Plus à l'aise à l'oral ?

Réalisez le parcours 2 à l'oral en vous enregistrant à l'aide de LLS.fr/LaboAudio.

THÈME 2

L'Afrique, un continent en recomposition

Continent composé de 54 pays, l'Afrique doit relever les défis liés à sa croissance démographique et à son développement. Cependant, sous l'impulsion de la mondialisation, le continent se recompose et de nouveaux acteurs comme la Chine souhaitent tirer profit du développement et des ressources de l'Afrique.

Problématique **Comment la mondialisation transforme-t-elle les territoires africains ?**

1 **Vue aérienne du Cap, Afrique du Sud**

1. **Doc 1** **Présentez** et **décrivez** la photographie plan par plan.

Premier plan : ....

....

....

Deuxième plan : ....

....

....

Arrière-plan : ....

....

....

2. **Doc 2** À partir de la photo, **définissez** ce qu'est un « bidonville ».

....

....

....

....

....

3. **Doc 1 et 2** **Comparez** les documents : quelle image de l'Afrique donnent-ils ?

....

....

....

....

....

2 **Bidonville de Kibera, au sud de Nairobi, Kenya**

Le bidonville de Kibera est situé à Nairobi, la capitale du Kenya. Un tiers de la population de la ville y habite.

Je teste mes connaissances

Combien de pays composent l'Afrique ?	En 2050, on estime que la population africaine sera de :	Quel est le pourcentage de la population africaine vivant dans les villes ?
☐ 25	☐ 1 milliard d'habitants	☐ 5 %
☐ 54	☐ 500 millions d'habitants	☐ 30 %
☐ 34	☐ 2,4 milliards d'habitants	☐ 45 %

J'enquête sur le continent africain

À l'aide d'une recherche Internet, **complétez** les podiums suivants.

Dossier numérique

Retrouvez un dossier supplémentaire : « L'Afrique australe, inégalités et développement » LLS.fr/HG1PEXDossier3.

Les pays les plus riches

Les pays les plus peuplés

Les métropoles les plus peuplés

Bac Je travaille les capacités suivantes...

Je situe quelques ressources stratégiques (eau, énergie, matières premières par exemple) en Afrique. **p. 106**	☐ Je maîtrise	☐ Je dois approfondir
Je caractérise l'urbanisation du continent africain à partir de cartes. **p. 100**	☐ Je maîtrise	☐ Je dois approfondir
Je rends compte à l'oral de manière individuelle ou collective des stratégies d'implantation de la Chine en Afrique. **p. 104**	☐ Je maîtrise	☐ Je dois approfondir

L'Afrique, un continent en recomposition

1 L'Afrique dans la mondialisation

Sources : *Atlas de l'Afrique*, Atlas Autrement, 2018 ; *Le Monde Hors-série* n°32, Atlas des Afriques, juillet 2020.

1. **Identifiez** les figurés utilisés pour localiser ces trois informations :
   a. Flux d'IDE : ....
   b. Principales métropoles : ....
   c. Littoraux les plus dynamiques : ....

2. **Définissez** les « investissements directs à l'étranger ».

3. **Relevez** les pays d'Afrique dont l'IDH est élevé.

4. **Caractérisez** le niveau de développement des pays africains.

5. À partir de cette carte et de vos connaissances, **expliquez** comment l'Afrique s'insère dans la mondialisation.

Dossier 1

L'urbanisation de l'Afrique

Capacité > Caractériser l'urbanisation du continent africain à partir de cartes.

D'ici à 2050, l'Afrique devrait connaître le taux de croissance urbaine le plus rapide du monde. À cet horizon, les villes africaines devraient abriter 950 millions d'habitants supplémentaires. Si la transition urbaine africaine est porteuse de grandes opportunités, elle pose également d'importants défis. **Comment la forte croissance urbaine se traduit-elle sur le continent africain ?**

1 La mutation urbaine du continent

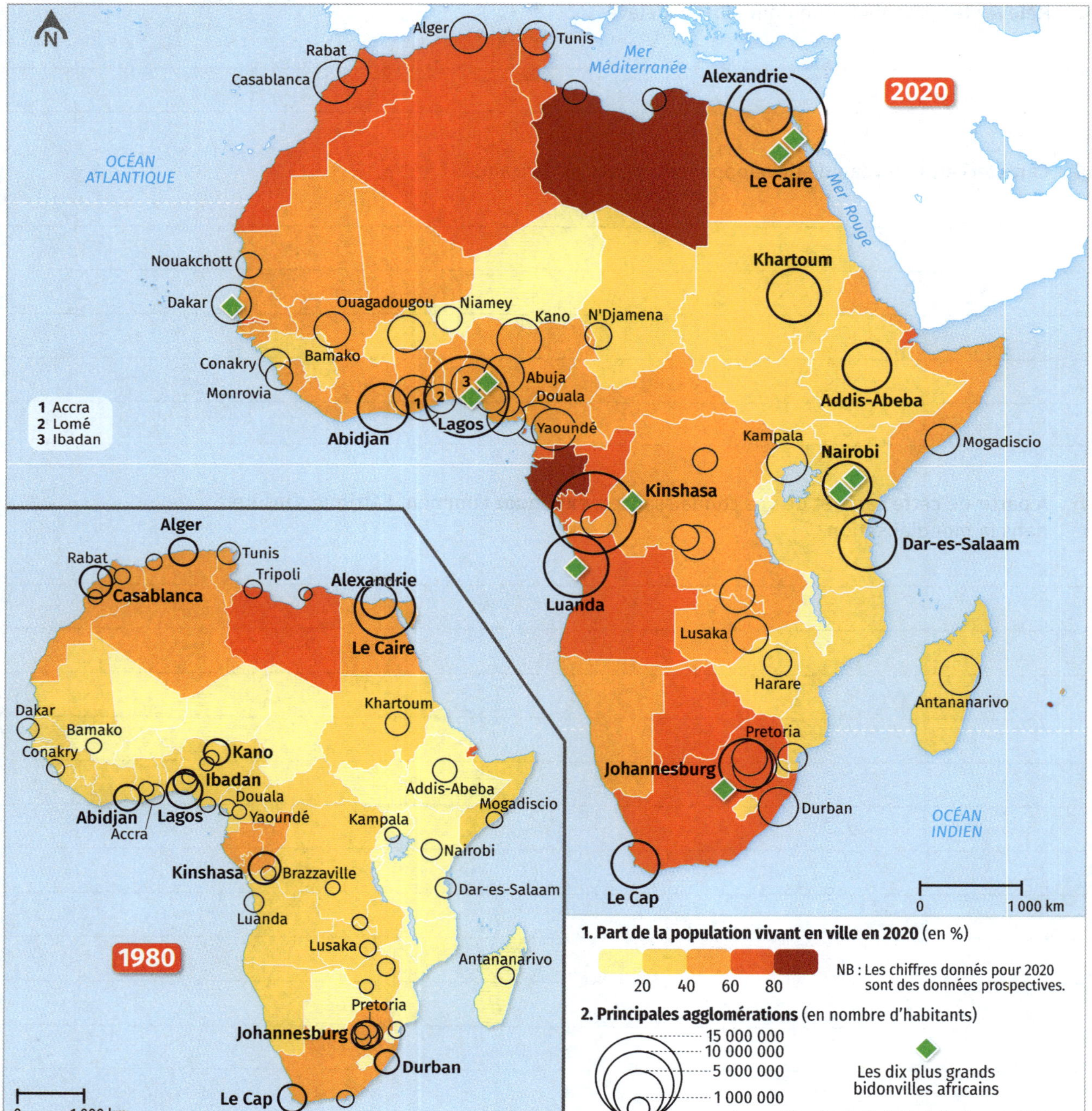

Sources : Africapolis, 2020. World Urbanization Prospects, ONU, 2018.

Étape 1 ⚡ Décrire l'urbanisation à l'échelle du continent

1. **Doc 1** **Identifiez** les pays dans lesquels le taux d'urbanisation est le plus élevé.

....

2. **Doc 1** **Décrivez** l'évolution de la population urbaine en Afrique entre 1980 et 2020.

....

....

3. **Doc 1** À partir de ces deux cartes, **rédigez** un texte pour caractériser l'urbanisation du continent africain.

....

....

....

....

> **Aide :** J'utilise les mots croissance urbaine, taux d'urbanisation, exode rural, bidonvilles.

> **Numérique**
> Explorez l'urbanisation en Afrique à différentes échelles LLS.fr/HG1PAfricapolis.

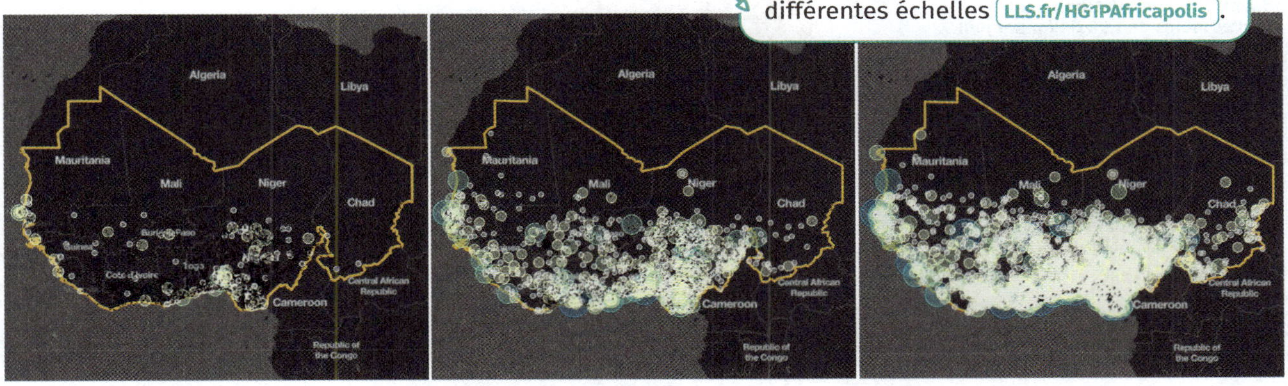

2 **L'urbanisation en Afrique de l'Ouest de 1950 à 2015**
Africapolis.org.

Étape 2 ⚡ Comprendre l'urbanisation en Afrique de l'Ouest

4. **Doc 2** **Décrivez** ces trois images et expliquez quelles évolutions elles mettent en avant.

....

....

....

....

....

Dossier 2

Les défis du continent africain

Continent le plus pauvre, l'Afrique doit relever de nombreux défis qui permettront son développement : accès à l'éducation, à la santé et renforcement de la démocratie. **Quels sont les défis que doit relever le continent africain pour poursuivre son développement ?**

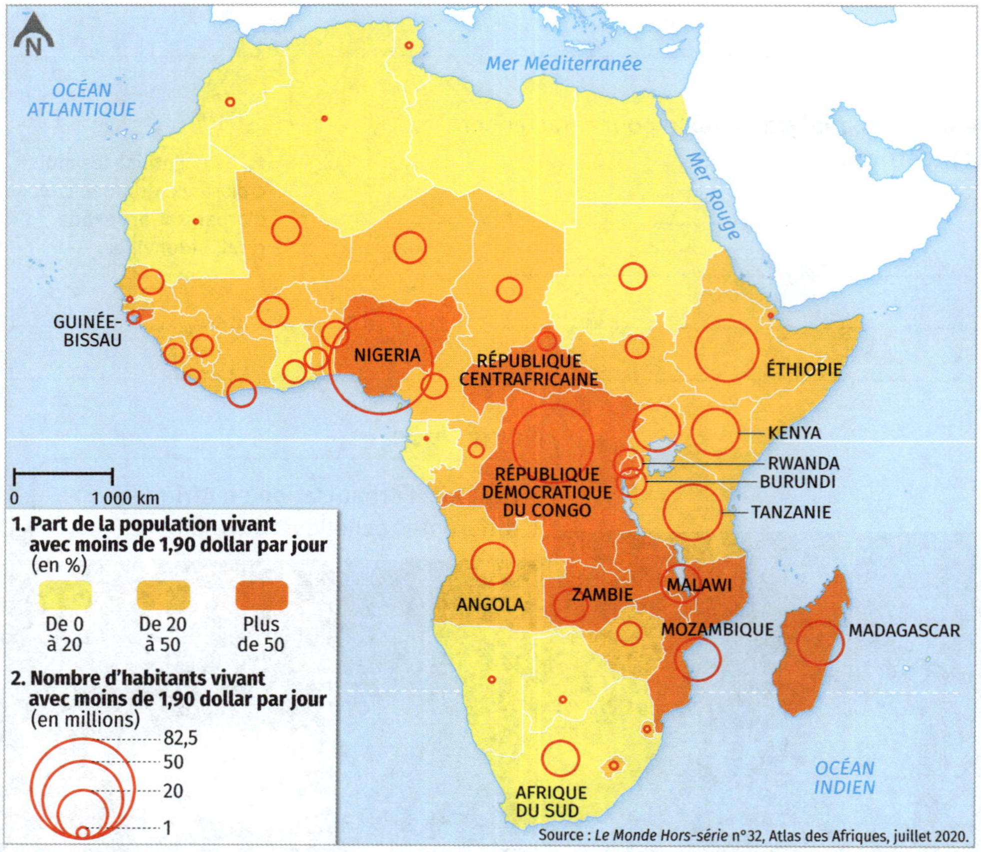

Source : *Le Monde Hors-série* n°32, Atlas des Afriques, juillet 2020.

1 L'extrême pauvreté en Afrique

Le seuil international de pauvreté est fixé à 1,90 dollar par jour. En Afrique, 40 % de la population, soit 400 millions de personnes, vivent sous le seuil de pauvreté.

1. **Doc 1 Identifiez** les pays les plus touchés par la pauvreté en Afrique.

....

....

....

2. **Comparez** cette carte à celle de la page Repères : les régions les plus pauvres sont-elles celles les plus touchées par des conflits ?

....

....

....

....

2 D'importants conflits

Enfant-soldat en Centrafrique, 2013.

Dans le cadre des conflits en Afrique, de nombreux enfants sont enrôlés et transformés en soldats.

3. **Doc 2** **Décrivez** la photographie.

4. **Expliquez** en quoi les conflits contribuent à la pauvreté.

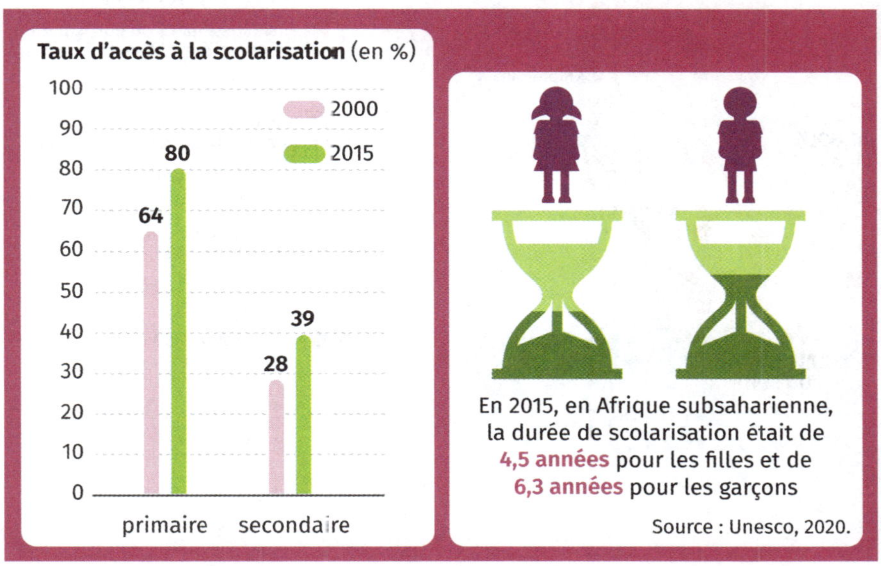

3 Les enjeux de l'éducation en Afrique

Dans le monde, en 2000, 65 % des enfants avaient accès à l'école primaire et 51 % au secondaire. En 2015, ils étaient 92 % à fréquenter l'école primaire et 64 % à fréquenter le secondaire.

Activité numérique

Retrouvez une activité sur la transition démocratique du Mali sur LLS.fr/HTP394.

5. **Doc 3** **Montrez** comment la scolarisation a évolué en Afrique et **expliquez** pourquoi elle est encore considérée comme incomplète.

Dossier 3

L'influence de la Chine en Afrique

Capacité > Rendre compte à l'oral de manière individuelle ou collective des stratégies d'implantation de la Chine en Afrique.

En quelques années, la Chine a développé des liens importants avec le continent africain. Elle en est devenue un partenaire privilégié dans plusieurs domaines. Ces relations suscitent des espoirs, des critiques et des craintes. **Comment et par quels moyens s'exerce l'influence de la Chine sur le continent africain ?**

1 L'expansion de l'influence chinoise en Afrique

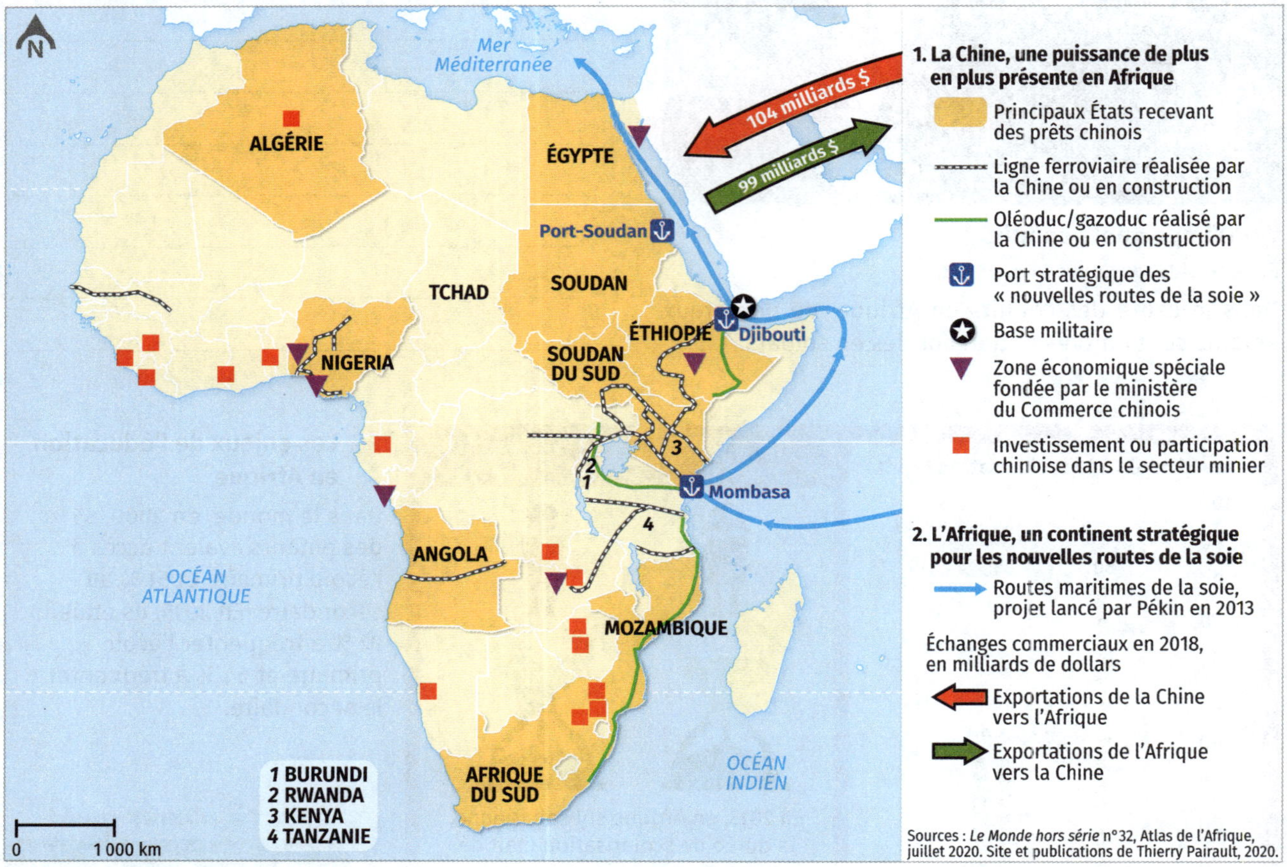

Sources : *Le Monde hors série* n°32, Atlas de l'Afrique, juillet 2020. Site et publications de Thierry Pairault, 2020.

Étape 1 Collecter des données

1. **Doc 1 Présentez** les pays dans lesquels se concentre l'influence chinoise.

....

....

2. **Doc 1 Localisez** le projet des nouvelles routes de la soie.

....

....

2 Quel avenir pour la relation Chine-Afrique ?

Depuis l'an 2000, le commerce et les investissements chinois en Afrique ont explosé. La diplomatie chinoise en a été le catalyseur, associant aides et prêts publics en faveur de projets d'infrastructures, ces derniers étant confiés à de grandes entreprises publiques. Ces montages financiers ont pris parfois la forme de package deals prévoyant de rémunérer le partenaire chinois en matières premières. Cette dynamique s'inscrit dans la stratégie nationale chinoise de sécurisation de ses approvisionnements. Dans un second temps, des entreprises chinoises confrontées à un marché intérieur très concurrentiel sont venues chercher de nouveaux débouchés.

Les 2 000 entreprises chinoises recensées en 2013 en Afrique sont très diverses : firmes d'État, grandes entreprises privées et PME. Les premières sont surtout actives dans le BTP (infrastructures urbaines, routes, chemins de fer, barrages, hydroélectricité), l'exploitation forestière, l'extraction minière et pétrolière. Les investissements se concentrent dans les pays les mieux dotés en matières premières (Angola, Algérie, RDC) et ceux ayant un grand marché intérieur (Nigeria, Éthiopie, Afrique du Sud). Ils sont portés par environ 1 million de Chinois, parmi lesquels de nombreux migrants individuels qui travaillent dans les grands projets et dans les services.

Carto, 1er mars 2019.

Étape 2 ⚡ Analyser des évolutions

3. **Présentez** le **doc 2**.

....

....

4. **Doc 2** **Relevez** comment la Chine s'implante en Afrique.

....

....

....

....

Étape 3 ⚡ Réaliser un exposé

5. **Notez** vos principales idées au brouillon.

....

....

....

....

....

Aide : Je pense à illustrer mon exposé avec des documents iconographiques et des cartes.

6. **Organisez-les** en respectant une progression logique :

→ 1. Influence de la Chine en Afrique : description du phénomène.
→ 2. Analyse des raisons de cet intérêt et de ces investissements pour la Chine.
→ 3. Réflexion sur les conséquences de ces investissements chinois pour l'Afrique.

7. À l'oral **Présentez** votre exposé à l'oral !

Dossier 4 Mission

Les ressources : facteurs de développement et sources de conflits

Capacité > Situer quelques ressources stratégiques (eau, énergie, matières premières par exemple) en Afrique.

Malgré un taux de pauvreté élevé, l'Afrique dispose de ressources nombreuses. Ces dernières peuvent permettre au continent d'assurer son développement, mais elles suscitent aussi les convoitises et sont donc à l'origine de tensions, voire de conflits. **Quelles sont les ressources dont dispose l'Afrique ? Quelles tensions provoquent-elles ?**

Comment mener ma mission ?

Consigne : Un nouveau conseiller pour l'Afrique vient d'être nommé à l'Organisation des Nations unies. En tant que géographe, on vous demande de le renseigner sur les ressources en Afrique et les tensions que leur exploitation peut générer. En vous appuyant sur ce dossier et sur des recherches personnelles, rassemblez des éléments vous permettant de rédiger votre rapport.

1 Les richesses minières et énergétiques de l'Afrique

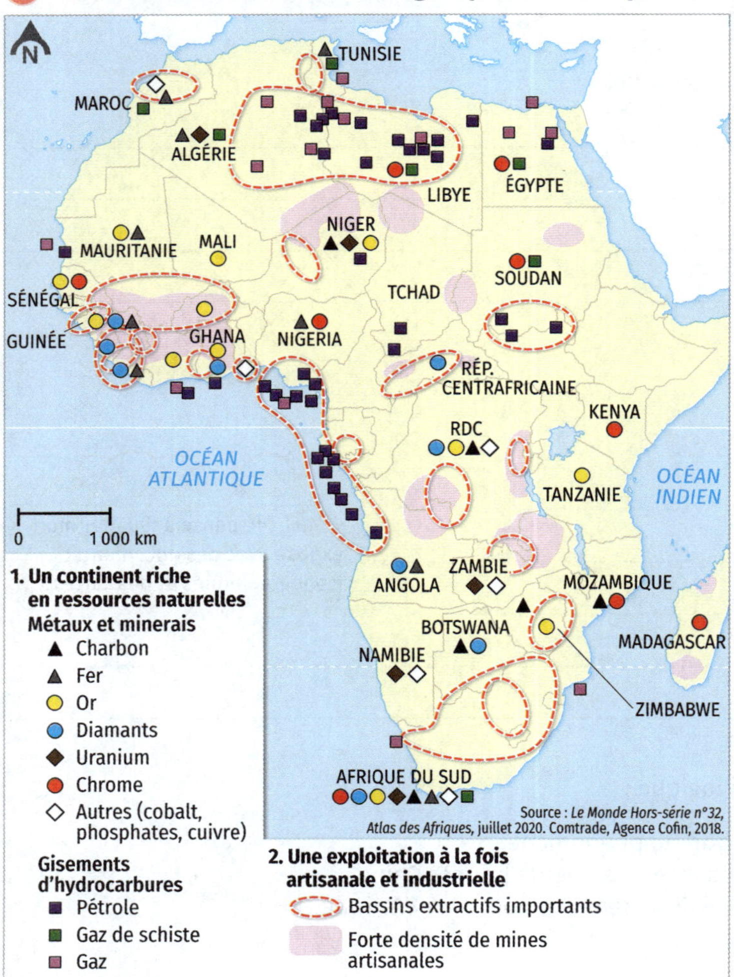

Source : *Le Monde Hors-série n°32, Atlas des Afriques*, juillet 2020. Comtrade, Agence Cofin, 2018.

2 La hausse du prix des minerais, un facteur de violence ?

La hausse du prix des minerais peut avoir de sanglantes conséquences en Afrique. [...] Le boom de ces minerais en 2000 pourrait expliquer jusqu'à un quart des conflits en Afrique. La violence se déploie même au-delà des zones minières. Avec l'argent gagné, les rebelles déploient leurs combats en étendant leurs zones d'influence. « Diamants de sang », « or des conflits », « coltan sanglant », les appellations sont nombreuses pour rappeler la guerre à laquelle se livrent les plus cupides. [...] En République démocratique du Congo (RDC), secouée depuis plus de 20 ans de guerre, plus de 40 milices quadrillent le territoire. Leur appétit est à la hauteur des richesses de la région : 70 % des réserves mondiales de coltan, des réserves d'or, en diamant, en étain...

Nicolas Berman, « Quand le "boom des minerais" favorise la violence en Afrique », *The Conversation*, 24 avril 2019.

3 Des ressources convoitées

Kevin Kallaugher dit Kal, *The Economist*, 2018.

Sur le panneau : « Compagnie chinoise des carrières : branche africaine. »

Dans la bulle : « Contrairement à d'autres, nous ne la regardons pas comme un puits de merde. » La phrase fait référence aux insultes du président Donald Trump à l'encontre des pays pauvres en 2018.

Créer un mémo

1. **Donnez un titre** à votre mémo : il doit être clair et court.

2. **Indiquez** quelques données-clés :
   → Quelles sont les ressources les plus présentes en Afrique ?
   → Où sont-elles localisées ?
   → Comment sont-elles exploitées ? Par qui ?

3. **Concluez** en évoquant des points plus précis :
   → Quelles perspectives de développement ?
   → Quels liens entre les conflits et les ressources ?

Aide : Un mémo est un document court, peu rédigé, qui reprend les informations principales. Vous pouvez organiser vos informations en différentes parties afin de rendre sa compréhension et sa mémorisation plus aisées.

Mémo

Migrer de l'Afrique à l'Europe

Pour des raisons économiques ou politiques, des milliers d'Africains migrent d'un pays à un autre ou d'une région à une autre. La majorité se dirige vers un autre pays africain, mais certains partent vers l'Europe ou d'autres destinations. **Quelles sont les multiples dimensions des migrations africaines ?**

1 Les raisons du départ

Kouamé avait 14 ans quand ses parents ont été assassinés par des miliciens politiques sous ses yeux. Il a fui son pays, dans l'ouest de l'Afrique[...] : « Je tais le nom de mon pays car ma sœur se trouve toujours là-bas et elle a toujours peur. Peur que les assassins de nos parents reviennent. »

Sarah Diffalah, « Kouamé, rescapé des camps de migrants : "j'ai fui sans me retourner, j'ai fui la mort" », *L'Obs*, 26 mars 2018.

2 L'itinéraire de Kouamé

Vous avez traversé le Ghana, le Burkina Faso, le Niger, la Libye, l'Algérie, le Maroc, avant d'arriver en Espagne. Qu'est-ce qui a été le plus difficile sur cette route ?

Tout. Tout au long de ce voyage, j'ai vu des êtres humains, attirés par l'appât du gain, maltraiter d'autres êtres humains. J'étais à leur merci, tout le temps. À Agadès, au Niger, les passeurs nous chargeaient comme du bétail dans le pick-up. [...] Si quelqu'un meurt pendant le trajet, on s'arrête et on l'enterre dans le sable. On nous a donné dix litres d'eau pour une étape du trajet qui peut durer trois jours comme trois mois. Sur notre chemin, nous avons croisé un groupe de migrants à pied. Des Touarègues avaient volé leur voiture. Ils erraient là en plein désert. Ils sont sûrement morts. [...] En 2012, je me suis retrouvé dans une prison à Gatron à la frontière avec le Niger [...].

Après ce camp, après avoir vécu le racisme à Tripoli, vous arrivez à atteindre l'Algérie. Là aussi, vous atterrissez dans un camp de migrants tout aussi sordide…

À Maghnia, à la frontière entre le Maroc et l'Algérie, il y a ce camp que j'appelle un « trou ». [...] Nous étions des milliers. Tu parles à n'importe quel migrant de Maghnia, on va te dire « c'est l'enfer total ! ». [...] Aujourd'hui, avec le recul, je suis surpris de l'aveuglement des autorités algériennes. Comment est-ce possible ? Pourquoi l'État ne fait rien ? Pourquoi on n'en parle pas ?

Vous avez survécu ensuite à la traversée en Méditerranée.

Les passeurs nous ont pris 1 200 euros chacun pour la traversée. D'autres ont payé 2 500 euros parce qu'on leur a fait croire qu'ils allaient monter dans un vrai bateau. On est partis à 5 heures du matin de Nador.

Sarah Diffalah, *Ibid.*

3 La fin du voyage ?

Il arrive en Espagne puis monte en bus en France fin avril 2015 à Bordeaux. Il croise à la gare un voyageur, un Français, avec qui il sympathise, et qui lui suggère d'aller plutôt à Toulouse, ce qu'il fait. Arrivé mineur en Haute-Garonne, il a été pris en charge par le conseil départemental et [...] a pu intégrer une formation technique [...] et être embauché comme tourneur-fraiseur chez un sous-traitant aéronautique, au Mirail. Il a un CDI. Et va payer des impôts l'an prochain. [...] « C'est une fierté. Je vais enfin rendre à la France ce qu'elle m'a donné. C'est à mon tour. »

« Kouamé, migrant africain, ouvrier toulousain et écrivain », France Bleu, 17 avril 2018.

1. **Doc 1 à 3** À partir des documents, **complétez** le tableau suivant :

Pays de départ	Raisons du départ	Pays d'arrivée	Pays traversés	Événements marquants	Conditions de voyage	L'arrivée

2. Sur le fond de carte suivant, **cartographiez** l'itinéraire de Kouamé.

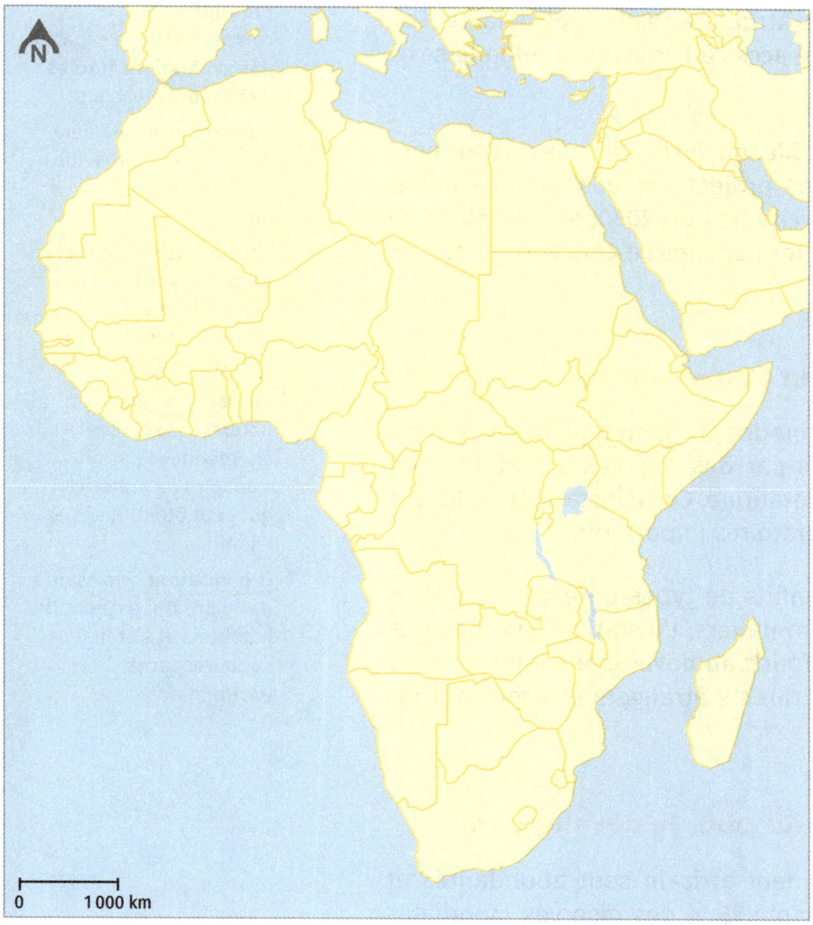

Aide :

- Pour représenter son trajet, j'utilise des figurés linéaires (flèches).
- Pour représenter des étapes, j'utilise des figurés ponctuels (cercles).
- Je pense à faire figurer la toponymie (noms de pays et de villes).

Vidéo

La majorité des migrations en Afrique ont lieu vers un autre pays africain. Pour mieux comprendre ces migrations LLS.fr/HG1PMigrationsIntra.

3. En vous appuyant sur la vidéo et sur des recherches complémentaires, **décrivez** et **expliquez** les migrations africaines.

....

....

....

....

Cours 1

Les défis du développement en Afrique

Problématique ? **Quels défis pour le développement du continent africain ?**

A Le défi démographique

- Le continent africain est en forte croissance démographique : il compte aujourd'hui 1,2 milliard d'habitants et les prévisions prévoient 2,5 milliards en 2050. Cette augmentation de la population s'explique par une fécondité élevée et une mortalité en baisse.

- La question démographique engendre de nombreux défis pour le **développement** : sous-alimentation, structures sanitaires défaillantes, fort taux d'analphabétisation, inégal accès à l'éducation selon le sexe, logements informels, etc.

- **L'urbanisation** est rapide en Afrique. Elle touche l'ensemble du continent même si elle est inégale. Selon les projections des Nations unies, l'Afrique comptera 745 millions de citadins en 2030, soit 48 % de sa population totale. La population et les activités se concentrent sur les côtes : c'est la **littoralisation**.

B Instabilité politique, conflits et gouvernance

- Le continent est marqué par des modes de **gouvernance** instables. De nombreux pays sont gouvernés par des régimes autoritaires ou souffrent de l'absence de structure étatique. Cette instabilité politique entraîne des conflits et des flux migratoires importants.

- Le continent est frappé par des conflits de types différents : conflits pour les ressources, ethniques et frontaliers. L'instabilité politique, la corruption et les conflits sont des freins au développement car ils ne favorisent pas les investissements directs étrangers et aggravent les difficultés de la population.

C Les ressources, un atout majeur pour le développement

- Les **ressources** naturelles du continent africain sont abondantes et variées. L'Afrique possède par exemple 25 % des réserves mondiales d'uranium, 28 % de celles de diamant et 56 % du cobalt. Les territoires présentent également d'autres ressources telles que du bois ou des terres non exploitées (50 % des réserves mondiales de terres non cultivées). Ces ressources sont principalement destinées à l'exportation et peuvent être au cœur de conflits.

- L'exploitation des ressources contribue à dégrader l'environnement et accentue les effets des changements globaux (désertification, épidémies, pénuries d'eau, pollution). De nouvelles pratiques se développent afin de répondre aux enjeux du **développement durable** comme l'agroécologie.

Notions

- **Développement :** amélioration générale du niveau de vie.
- **Développement durable :** mode de développement qui répond aux besoins des générations présentes, sans compromettre la capacité des générations futures à répondre aux leurs.
- **Gouvernance :** manière dont un territoire (ville, région, État, etc.) est dirigé.
- **Littoralisation :** processus de concentration des populations et des activités humaines sur les littoraux.
- **Ressources :** élément naturel (ressources énergétiques par exemple) ou matériel qui peut être utilisé par l'homme.
- **Urbanisation :** croissance des villes qui gagnent des habitants et s'étendent sur les espaces environnants.

Le cours en capsules

L'essentiel du cours en vidéo et en podcast sur LLS.fr/HG1PEXP110.

Un document-clé

1 Un continent de jeunes

Les élèves d'un lycée à Marrakech, au Maroc en 2011.

41 % de la population africaine a moins de 15 ans.

J'apprends mon cours

1. Dans le cours, surlignez :
en rouge, les chiffres qui renvoient à la population ;
en bleu, les chiffres qui renvoient aux ressources.

2. **Doc 1** **Expliquez** pourquoi le nombre de jeunes Africains est à la fois un atout et un défi.

....

....

....

Je me réapproprie le cours

3. À partir des documents et de vos connaissances, **complétez** le tableau suivant :

Défi	Quel type ? (politique, économique, environnemental, etc.)	Comment y remédier ?

Cours 2

Mondialisation et recompositions territoriales en Afrique

Problématique Comment la mondialisation transforme-t-elle le continent africain ?

A L'émergence du continent sur la scène internationale

- 34 des 47 **pays les moins avancés (PMA)** du monde se trouvent en Afrique : ces pays cumulent de fortes difficultés de développement. À l'inverse, certains pays africains sont des puissances émergentes bien intégrées dans la mondialisation (Nigeria). L'Afrique du Sud est membre du G20.

- La mondialisation a favorisé l'intégration de l'Afrique dans les réseaux internationaux, notamment par le biais des investissements directs étrangers (IDE) c'est-à-dire l'argent investi par une entreprise dans un autre pays. Le continent africain connaît une forte croissance, même si certains États restent encore en marge de l'économie internationale.

- Pour favoriser le développement et renforcer la place de l'Afrique sur la scène internationale, les États coopèrent, par exemple avec l'Union africaine.

B L'Afrique et les enjeux stratégiques de la mondialisation

- Les transports sont un enjeu important du développement et de l'insertion dans les réseaux commerciaux. Les États développent donc des **corridors** entre les régions qui débouchent dans les principaux ports et métropoles, ce sont les ***hubs*** du continent.

- De nombreux acteurs publics et privés participent à la **recomposition territoriale** du continent à toutes les échelles. Les États africains et les investisseurs mettent en place des **zones franches**. Des pays émergents (Inde, Brésil) cherchent de nouveaux marchés en Afrique.

C L'influence de la Chine en Afrique

- Dans le cadre de son projet des **nouvelles routes de la soie**, la Chine est devenue le premier investisseur en Afrique. Elle finance des infrastructures, l'achat de terres et la création de **zones économiques spéciales**.

- Les relations entre la Chine et l'Afrique soulèvent de nombreuses questions. En effet, l'importance des investissements chinois place les pays africains dans une situation de dépendance. L'exploitation des ressources africaines par la Chine est également dénoncée.

Notions

- **Corridor :** grand axe de communication reliant des territoires.
- ***Hub* :** point central d'un système de transport qui redistribue les flux à plusieurs échelles.
- **Nouvelles routes de la soie :** projet de réseau terrestre et maritime lancé par la Chine dans le but de relier la Chine au reste du monde.
- **PMA :** pays les moins avancés, pays cumulant de fortes inégalités de développement (économique, politique, alimentaire, santé, éducation, etc.).
- **Recomposition territoriale :** transformation d'un espace sous l'impulsion de différents acteurs.
- **Zone économique spéciale :** zone franche à l'échelle d'un port, d'un quartier ou d'une ville fonctionnant comme des enclaves économiques ou fiscales.
- **Zone franche :** zone géographique d'un pays présentant des avantages fiscaux pour développer l'activité économique.

Le cours en capsules

L'essentiel du cours en vidéo et en podcast sur LLS.fr/HG1PEXP112.

Un document-clé

1 Des ports très dynamiques

Le port de Durban est le premier port d'Afrique subsaharienne et le deuxième du continent en termes de taille. Un projet d'agrandissement est en cours.

J'apprends mon cours

1. Complétez le tableau suivant :

Des PMA	Des puissances émergentes	Un pays membre du G20
....	....	....
....	....	....

2. Rappelez pourquoi et comment la Chine s'implante en Afrique.

....

....

....

....

Je me réapproprie le cours

3. Complétez les phrases suivantes pour expliquer comment la mondialisation transforme l'Afrique :

→ Sur le plan économique : ....

....

....

→ Sur le plan spatial : ....

....

→ Au niveau des liens entre l'Afrique et le reste du monde : ....

....

....

Bac

Je révise

Je connais les repères géographiques Compétence

Associez la définition correspondant aux repères géographiques proposés.

Mombasa, Djibouti et Port-Soudan ◯	◯ Les principaux États africains qui reçoivent des prêts chinois.
Soudan, Afrique du Sud, Angola, Algérie, Nigeria, Mozambique, Éthiopie ◯	◯ Certains des principaux États africains disposant de ressources énergétiques et minières.
Les puissances émergentes (Chine, Inde, Brésil, etc.) ◯	◯ Les trois ports stratégiques des « nouvelles routes de la soie ».
Angola, Afrique du Sud, Algérie, Libye, Soudan, Nigeria, République centrafricaine, etc. ◯	◯ Des pays qui investissent en Afrique.

Je connais les principales notions Compétence

Associez la définition correspondant à chacune des notions proposées.

Développement ◯	◯ Élément naturel (ressources énergétiques par exemple) ou matériel qui peut être utilisé par l'homme.
Gouvernance ◯	◯ Amélioration générale du niveau de vie.
Recompositions territoriales ◯	◯ Zone franche à l'échelle d'un port, d'un quartier ou d'une ville fonctionnant comme une enclave économique ou fiscale.
Ressources ◯	◯ Manière dont un territoire est dirigé.
Zone économique spéciale ◯	◯ Transformation d'un espace sous l'impulsion de différents acteurs.

Je retiens les principaux chiffres

→ .... % de la population a moins de 15 ans.

→ L'Afrique est composée de .... pays.

→ En 2050, il devrait y avoir .... d'habitants en Afrique.

→ À Lagos, ... % de la population vit dans des bidonvilles.

Je réalise un croquis de synthèse Compétence

En vous aidant de la fiche méthode du thème 1 LLS.fr/HG1PEXP92 et de vos connaissances, **réalisez** un croquis de synthèse en suivant les étapes ci-dessous.

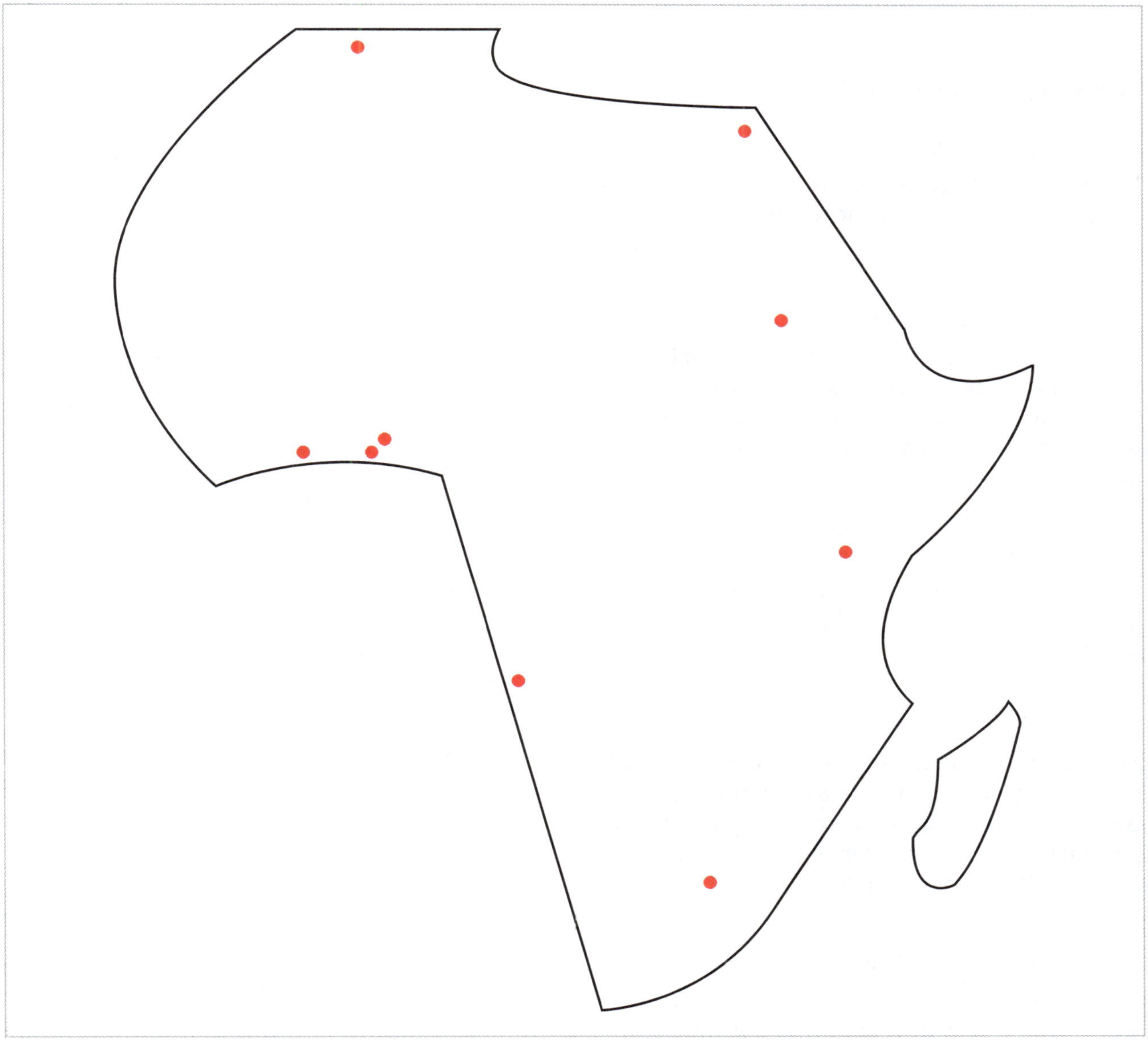

Étape 1

Indiquez sur le croquis les 9 principales métropoles africaines.

Étape 2

Trouvez les figurés adéquats pour les éléments suivants puis **produisez** votre légende : les investissements chinois, les ressources et leur exploitation, les points et passages stratégiques et les zones d'instabilité.

Étape 3

Réalisez votre croquis.

Étape 4

Donnez-lui un titre problématisé.

Méthode **Bac**

Je mobilise mes connaissances à l'aide d'une carte mentale

Comment faire ?

Partez d'un terme, d'un mot-clé

Écrivez le thème sur lequel vous souhaitez travailler au centre d'une feuille blanche, orientée en format paysage.

Sur la carte mentale : une branche = une idée

Sur la carte mentale, à partir du mot central, tracez des flèches (« des branches »). Chaque branche doit correspondre à une idée. Une branche peut se diviser en d'autres branches si vous pensez à des sous-thèmes pertinents.

Sur une feuille : listez vos idées

Sur une feuille à part, faites la liste de toutes les idées que vous inspire ce thème. Regroupez les idées qui vont ensemble.

Synthétisez l'information

Ne faites pas de phrase : utilisez des mots-clés, des notions importantes, des dates, des chiffres, etc. Les informations les plus importantes seront écrites près du thème central, les moins importantes sur le pourtour de la carte mentale.

L'importance du visuel

Pour être utile, la carte mentale doit être claire visuellement. Vous pouvez par exemple associer une couleur à chaque branche pour la rendre plus claire. N'hésitez pas à ajouter des petits dessins (pictogrammes) ou des *smileys* pour rendre la carte mentale plus vivante, plus lisible, plus agréable.

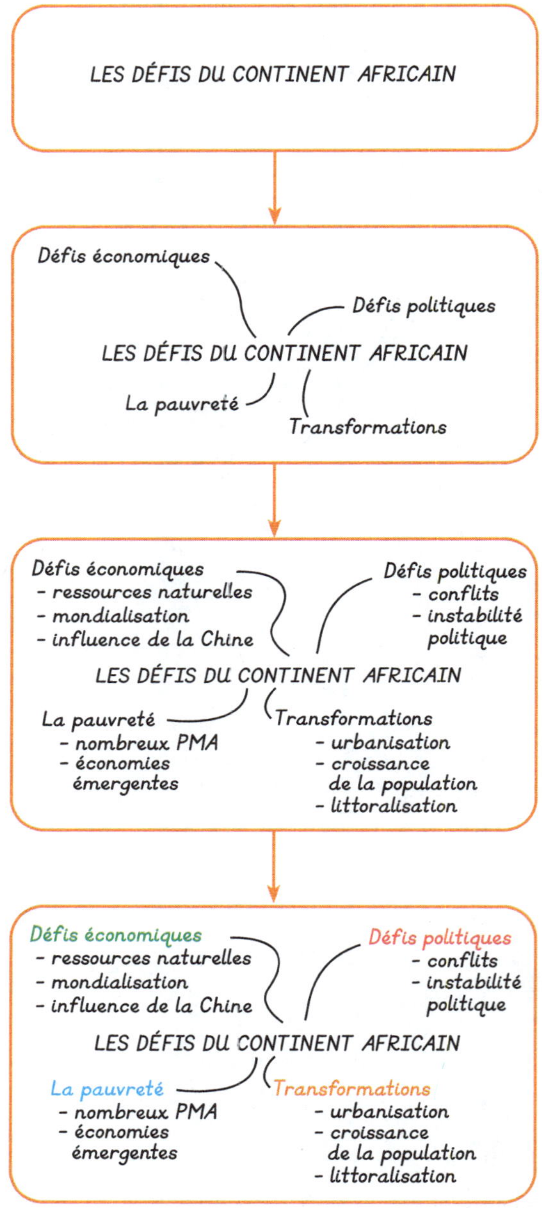

Numérique

Utilisez le logiciel gratuit FreeMind pour réaliser des cartes mentales sur tous les sujets ! N'hésitez pas à partager vos travaux avec vos camarades et vos professeur(e)s.

Parcours 1

Complétez cette carte mentale à partir du cours :

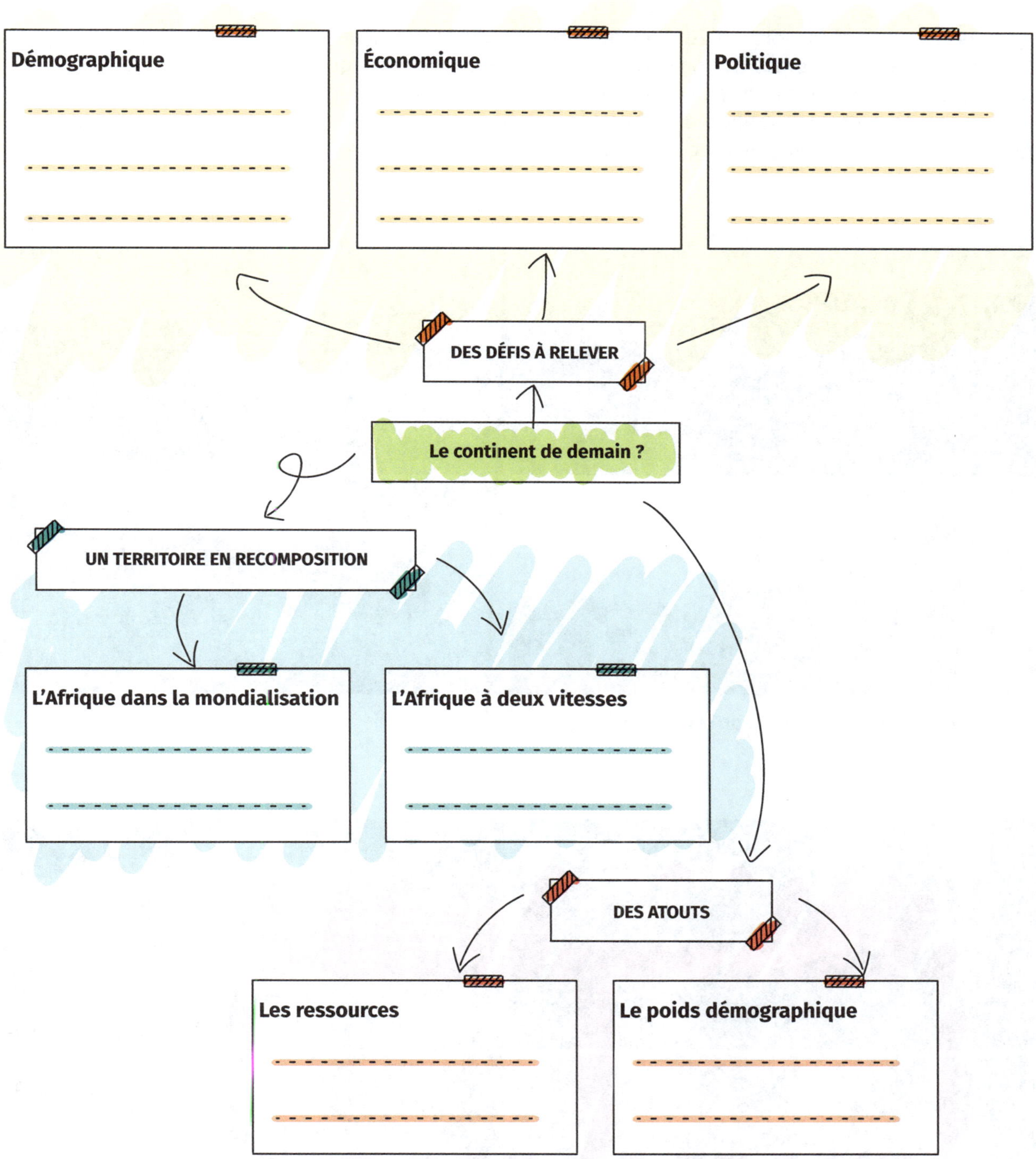

Parcours 2

Créez votre propre carte mentale sur le sujet « L'urbanisation en Afrique ».

L'urbanisation à Nairobi dans le film *Rafiki*

Rafiki de Wanuri Kahiu, sorti en 2018, raconte la romance entre Kena et Ziki. Le film offre une représentation d'une Afrique urbaine et dynamique, loin des stéréotypes associés au continent. *Rafiki* est aussi une œuvre engagée traitant de l'homophobie. Le film associe une représentation moderne et les conservatismes sociaux, religieux ou politiques du Kenya.

Vidéo

Visionnez la bande-annonce sur LLS.fr/HG1PRafiki.

1 Les paysages d'une métropole : Nairobi

Extraits de *Rafiki*, 2018.

2 Pratiques et culture urbaine

Extraits de *Rafiki*, 2018.

3 Les intentions de Wanuri Kahiu

Wanuri Kahiu interroge donc l'homophobie institutionnalisée qui sévit dans son pays. [...] Les héroïnes de *Rafiki* n'y échappent malheureusement pas : insultées, dénoncées, tabassées après avoir été surprises en train de s'embrasser, elles subiront en outre les remarques homophobes.[...] Depuis son premier film (en 2009), Wanuri Kahiu rejette les représentations misérabilistes de l'Afrique et des Africain·e·s (guerre, terrorisme, pauvreté, épidémies, etc.) pour promouvoir « l'afro bubble gum art » (de l'art aussi léger qu'une bulle de chewing-gum). [...] La première intention de Wanuri Kahiu n'était donc pas de susciter un débat de société sur les droits des personnes homosexuelles, mais bien de célébrer l'amour. C'est parce qu'il a été frappé par la censure que *Rafiki* est devenu un film militant.

Philippe Le Bret et Vital Philippot, dossier pédagogique, zerodeconduite.net, 2018.

Parcours 1 Capacité

1. Montrez comment le film *Rafiki* montre l'urbanisation de la ville de Nairobi.

2. Relevez les pratiques urbaines montrées dans la bande-annonce.

3. Résumez l'intention de la réalisatrice concernant l'image de l'Afrique au cinéma.

Aide : J'utilise les mots suivants : cliché, œuvre engagée, militantisme.

Parcours 2 Capacité

Rédigez quelques lignes pour montrer que le film *Rafiki* cherche à présenter une Afrique moderne et dynamique, mais dans laquelle le poids des traditions reste important.

Plus à l'aise à l'oral ?

Effectuez le parcours 2 en vous enregistrant sur votre téléphone ou à l'aide de LLS.fr/LaboAudio.

THÈME 1 Égaux et fraternels

L'égalité et la fraternité sont deux valeurs centrales de notre régime démocratique, inscrites dans notre devise. Notre démocratie repose sur le respect de ces valeurs qui sont le fruit d'une longue construction historique et sociale. Elles constituent le socle institutionnel, politique et social de la cohésion nationale.

Problématique **Qu'apportent les principes d'égalité et de fraternité à notre démocratie ? Comment garantir ces principes ?**

1 La République : des valeurs naissantes...
Gravure, fin XVIIIe siècle, musée Carnavalet, Paris.

2 ... et à défendre
Gérard Julien, *Le Baiser de Marseille*, 2012.

À l'écrit

1. Doc 1 Comment la devise républicaine a-t-elle évolué depuis cette époque ?

....

....

....

....

....

....

Aide : Je décris d'abord le premier plan puis le second plan.

2. Doc 2 **Expliquez** en quoi cette photo prouve que la société française évolue.

....

....

....

....

....

....

....

....

Je teste mes connaissances

Quel est l'événement fondateur de la démocratie en France ?	En quelle année est rédigée la Constitution de la Ve République ?	En quelle année le suffrage devient-il réellement universel en France ?
☐ La Révolution française	☐ 1945	☐ 1848
☐ La Première Guerre mondiale	☐ 1958	☐ 1944
☐ Le début de la Ve République	☐ 1968	☐ 1958

Je m'interroge sur les notions

Proposez une définition des termes suivants :

ÉGALITÉ	FRATERNITÉ	SOLIDARITÉ
....	....	....
....	....	....
....	....	....
....	....	....
....	....	....
....	....	....
....	....	....
....	....	....

Carnet de bord

Dans ce chapitre, j'ai étudié les dossiers suivants :

Nom du dossier	Qu'ai-je retenu ?
....	....
....	....
....	....
....	....
....	....

Dossier 1

Le projet républicain et les valeurs de notre démocratie

Le 26 août 1789, la Déclaration des droits de l'homme et du citoyen marque la première étape de la constitution de notre démocratie. À l'affirmation de l'égalité juridique entre les citoyens contenue dans ce texte s'ajoutent d'autres valeurs, pour faire de la devise « Liberté, Égalité, Fraternité » le socle de notre République. **Comment ces valeurs façonnent-elles notre société ?**

1 L'égalité : des droits égaux pour tous

Évidemment, nous ne sommes pas égaux naturellement : nous avons des tailles inégales, des poids inégaux, des talents inégaux, des forces physiques inégales. Nous ne pouvons pas tous être champion olympique ou prix Nobel. Une des merveilles de l'humanité réside dans les différences qui font que nous reconnaissons chaque femme et chaque homme comme une personne différente de toutes les autres personnes. La République ne nie pas cette réalité, ni ne veut supprimer les différences entre chaque homme et chaque femme. Mais elle leur reconnaît la même dignité et veut organiser la société pour que chacun ait les mêmes droits, c'est-à-dire des droits égaux quelles que soient sa taille, sa force ou son intelligence. C'est le rôle de la loi qui s'applique de façon égale à toutes les femmes et à tous les hommes de la République.

Alain Etchegoyen, *Guide républicain*, Delagrave, 2004.

2 La fraternité, une obligation de solidarité

Loin de renvoyer à un lien biologique, celui qui lie entre eux frères et sœurs d'une même famille, lorsqu'on parle de fraternité, les mots « frère » et « sœur » sont utilisés pour désigner une relation beaucoup plus large. [...] Dans toute société digne de ce nom, il existe une obligation de solidarité. Elle se traduit par l'existence de dispositifs visant, par exemple, à assurer un secours à ceux qui sont dans le besoin ou en danger, à organiser un système de santé publique, à indemniser ceux qui connaissent des situations de chômage contre leur volonté [...]. La fraternité est ce qui introduit de l'humain dans l'espace républicain.

Michel Delattre, « Les Valeurs de la République », reseau-canope.fr.

1. Selon l'auteur du **doc 1**, l'égalité entre les hommes et les femmes est-elle naturelle ou artificielle ? **Justifiez** votre réponse en citant le texte.

....

....

....

....

....

....

....

....

....

2. À partir du **doc 2**, complétez le schéma suivant :

La fraternité

↓

se définit comme

- - - - - - - - - - - - - - - - - - - -

- - - - - - - - - - - - - - - - - - - -

↓

se manifeste par

- - - - - - - - - - - - - - - - - - - -

- - - - - - - - - - - - - - - - - - - -

3 La constitution sacralise ces valeurs

La constitution est le texte cadrant le fonctionnement des institutions d'un pays. Adoptée en 1958, la Constitution de la Ve République a depuis été amendée à plusieurs reprises.

Préambule : Le peuple français proclame solennellement son attachement aux Droits de l'homme de 1789 [...].

Art. 1. La France est une République indivisible, laïque, démocratique et sociale. Elle assure l'égalité devant la loi de tous les citoyens sans distinction d'origine, de race ou de religion. Elle respecte toutes les croyances. Son organisation est décentralisée.

La loi favorise l'égal accès des femmes et des hommes aux mandats électoraux et fonctions électives, ainsi qu'aux responsabilités professionnelles et sociales.

Art. 3. La souveraineté nationale appartient au peuple qui l'exerce par ses représentants et par la voie du référendum. [...]

Le suffrage peut être direct ou indirect dans les conditions prévues par la Constitution. Il est toujours universel, égal et secret. Sont électeurs, dans les conditions déterminées par la loi, tous les nationaux français majeurs des deux sexes, jouissant de leurs droits civils et politiques.

Constitution de la Ve République, version en vigueur.

3. Doc 3 Dans le texte, **soulignez** :

en rouge toutes les occurrences du terme « égal » ou « égalité » ;

en vert toutes les occurrences du terme « loi » ;

en bleu tous les termes qui renvoient au caractère démocratique de la France.

4 Fraternels par-delà les frontières

Nicolas Tabary, branchesculture.com, 22 mars 2016.

Le 22 mars 2016, la Belgique est touchée par des attentats. Le dessinateur Tabary choisit des héros de bande dessinée pour symboliser les deux pays et l'élan fraternel qu'il veut illustrer : le Gaulois, Astérix, vient au secours du Belge, Tintin.

4. Doc 4 Présentez le document.

Aide : Je mentionne l'auteur, la nature du document, sa date et son sujet.

....

....

....

....

....

5. Doc 4 En quoi ce dessin illustre-t-il la fraternité ?

....

....

....

....

....

....

....

....

Vers le débat

Dans notre société contemporaine, le principe d'égalité est-il respecté ?
Répondez à l'oral en vous enregistrant sur votre téléphone ou à l'aide de LLS.fr/LaboAudio.

Dossier 2

L'accès à l'égalité politique

Le chemin vers l'égalité politique est long. S'il prend sa source dans la philosophie des Lumières, c'est la Révolution de 1789 qui lui offre ses premières avancées. D'autres pas sont faits dans cette voie en 1848 ou en 1944. Pourtant, aujourd'hui encore, cette égalité politique n'est pas parfaite. **Comment cette égalité s'est-elle construite ? Quelles étapes restent encore à accomplir ?**

1 Le combat pour le droit de vote des femmes

Élections parallèles lors des législatives du 26 avril 1936, Paris.

Louise Weiss et son association, La Femme nouvelle, militent pour l'obtention du droit de vote, refusé aux femmes pour la cinquième fois par le Sénat en 1935. Des élections parallèles sont organisées afin de faire élire des femmes conseillères municipales ou députées.

1. **Doc 1** **Décrivez** la scène représentée sur cette photographie.

....

....

....

....

....

....

2. À partir d'une recherche sur Internet, **indiquez** à quelle date ces pays ont donné le droit de vote aux femmes :

- → Italie : ....
- → France : ....
- → Suède : ....
- → Inde : ....
- → Nouvelle-Zélande : ....
- → Maroc : ....

2 Une place accrue mais toujours minoritaire

a **Les femmes parlementaires sous la Vᵉ République**

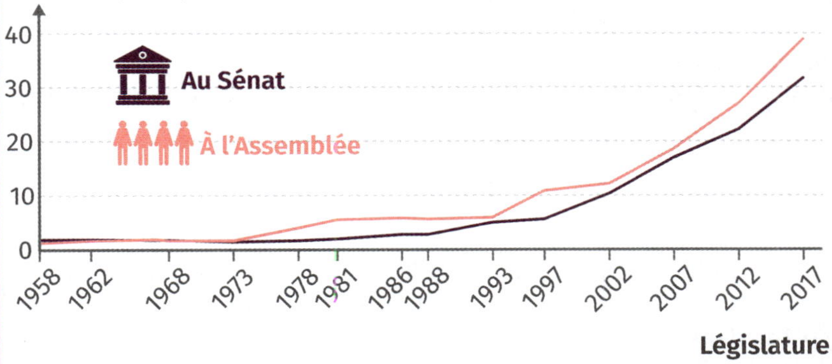

b **La place des femmes dans les conseils municipaux après les élections de 2020** (en %)

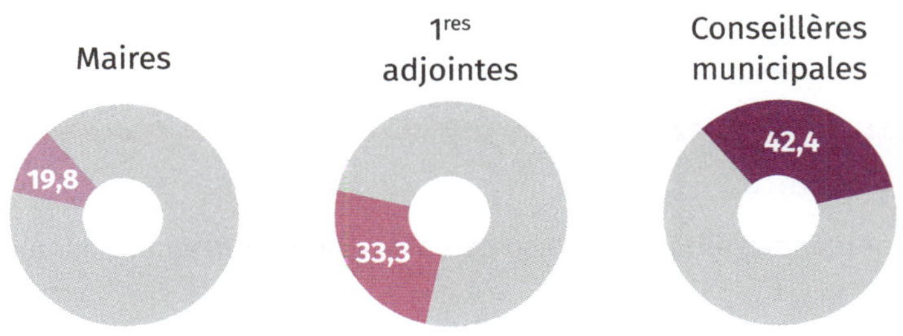

Source : Observatoire des inégalités ; Xavier Niel, *Bulletin d'information statistique de la DGCL*, septembre 2020.

Dossier numérique

Retrouvez un dossier supplémentaire : « S'engager et agir dans son lycée professionnel » sur LLS.fr/HG1PEXDossier4.

3. Doc 2a Ce document est :
- ☐ un graphique en bâtons ;
- ☐ un graphique en courbes ;
- ☐ un diagramme circulaire.

4. Doc 2b Ce document est :
- ☐ un graphique en bâtons ;
- ☐ un graphique en courbes ;
- ☐ un diagramme circulaire.

5. Doc 2 La loi de 2000 sur la parité a-t-elle un effet sur le nombre de femmes parlementaires ? **Justifiez** votre réponse.

....

....

....

....

6. Doc 2 **Expliquez** pourquoi il y a plus de femmes dans les conseils municipaux qu'à la tête d'une mairie.

....

....

....

....

....

....

....

Vers le débat

Seul ou en binôme, **formulez** deux propositions permettant d'atteindre rapidement une réelle parité politique.

Solidarité et cohésion nationale

Chaque jour, par le biais d'associations ou d'ONG, des citoyens et des citoyennes s'engagent pour faire vivre les valeurs de la République, et notamment la fraternité. S'ils font don de leur temps, ils prennent aussi, parfois, des risques. **Comment l'engagement individuel rend-il concrètes les valeurs de notre République ?**

1 Aider les personnes démunies

Les Restos du cœur lancent, mardi 24 novembre, leur 36e campagne d'hiver dans un contexte inédit, marquée par la crise économique apparue dans le sillage de l'épidémie de Covid-19. L'année dernière, l'association avait accueilli 875 000 personnes et distribué 136,5 millions de repas. « Je pense que cette année on dépassera le million de personnes », estime Patrice Blanc, son président.

Nés d'une idée de Coluche en 1985, Les Restos du cœur accueillent chaque année les personnes démunies pour la saison hivernale. En fonction de leurs ressources et de la composition de leur famille, elles se voient attribuer des points qui leur donnent droit à des denrées alimentaires.

Pour l'heure, l'association chiffre la hausse des inscriptions pour la campagne d'hiver à + 10 %.

Le Monde avec AFP, « Les Restos du cœur lancent leur 36e campagne d'hiver », *Le Monde*, 24 novembre 2020.

1. **Doc 1 Expliquez** pourquoi le nombre de personnes aidées par Les Restos du cœur a fortement augmenté en 2020.

....

....

....

2. À partir d'une recherche sur Internet, **complétez** le tableau suivant :

	Date de fondation	Objectif	Modalités d'action	Nombre de personnes aidées chaque année
Les Restos du cœur				
SOS Méditerranée				
Les Compagnons d'Emmaüs				

2 L'Ocean Viking au secours des migrants

Photographie d'Antony Jean, juillet 2020.

Deux associations, Médecins sans frontières et SOS Méditerranée, portent aide et assistance aux migrants traversant la Méditerranée dans des embarcations de fortune. Depuis 2014, selon l'ONU, près de 20 000 migrants sont morts en Méditerranée.

Numérique

Découvrez la solidarité internationale selon SOS Méditerranée sur LLS.fr/HG1PSOSMediterranee.

3 Le principe de fraternité : une valeur constitutionnelle

Le Conseil constitutionnel a consacré pour la première fois la valeur constitutionnelle du « principe de fraternité ».

M. Herrou avait saisi le Conseil constitutionnel après avoir été condamné en août 2017 à quatre mois de prison avec sursis par la cour d'appel d'Aix-en-Provence pour avoir convoyé quelque 200 migrants, principalement érythréens et soudanais, de la frontière italienne jusque chez lui, puis d'avoir organisé un camp d'accueil.

Le 6 juillet 2018, les Sages estimaient qu'une « aide désintéressée aux migrants, qu'elle soit individuelle ou militante et organisée, ne doit pas être poursuivie ». En découlait « la liberté d'aider autrui, dans un but humanitaire, sans considération de la régularité de son séjour sur le territoire national ».

Le Monde avec l'AFP, « Symbole de l'aide aux migrants, Cédric Herrou relaxé par la cour d'appel de Lyon », *Le Monde*, 13 mai 2020.

3. **Doc 3** **Montrez** pourquoi Cédric Herrou a été condamné en 2017.

....

....

4. **Reliez** les notions à leur définition.

Solidarité ○	○ Conforme à la Constitution
Humanitaire ○	○ Assistance mutuelle
Constitutionnalité ○	○ Qui vise à améliorer la condition des hommes

Vers le débat

Seul ou à deux, réfléchissez à la question suivante : au nom de la solidarité, a-t-on le droit de violer la loi ? Je peux utiliser l'exemple de Cédric Herrou, cité dans le doc 3, pour nourrir ma réflexion.

Dossier 4

Lutter contre les inégalités au nom de la justice sociale

Garantir l'égalité des droits et la possibilité de profiter du progrès économique et social est une mission de l'État : il doit garantir la justice sociale. Payé par tous les citoyens en fonction de leurs moyens, l'impôt garantit la solidarité collective et l'effort proportionnel. **Comment la redistribution des richesses et de l'impôt assure-t-elle la justice sociale en France ?**

1 La « Sécu » ou la solidarité en actes

1. Doc 1 Analysez l'image que cette affiche donne de la Sécurité sociale.

> **Aide :** Pourquoi avoir choisi la forme d'un arbre ?

....

....

....

....

....

....

2 Refuser l'impôt

Les membres des classes populaires sont désormais les plus nombreux à se déclarer critiques à l'égard du niveau d'imposition même si ce sont eux qui bénéficient le plus du système de redistribution fondé sur les prélèvements. [...]

Dans certains territoires, le sentiment d'injustice naît d'une dégradation des services publics et de difficultés de mobilité accrues par les fermetures de lignes de chemin de fer. Tout se passe comme si les résidents de ces zones, qui effectuent la plupart de leurs trajets en voiture et subissent de plein fouet la hausse du prix des carburants, voyaient disparaître sous leurs yeux les institutions qui, du bureau de poste à l'école en passant par la gare, représentent la concrétisation locale de l'argent socialisé par « les taxes ».

Alexis Spire, « Aux sources de la colère contre l'impôt », *Le Monde diplomatique*, décembre 2018.

2. Reformulez le **doc 2** en expliquant :

→ Qui critique le plus l'impôt ?

....

....

→ Pourquoi certains Français ont-ils le sentiment d'une injustice fiscale ?

....

....

→ Pourquoi la hausse du prix du carburant nourrit-elle cette tension ?

....

....

....

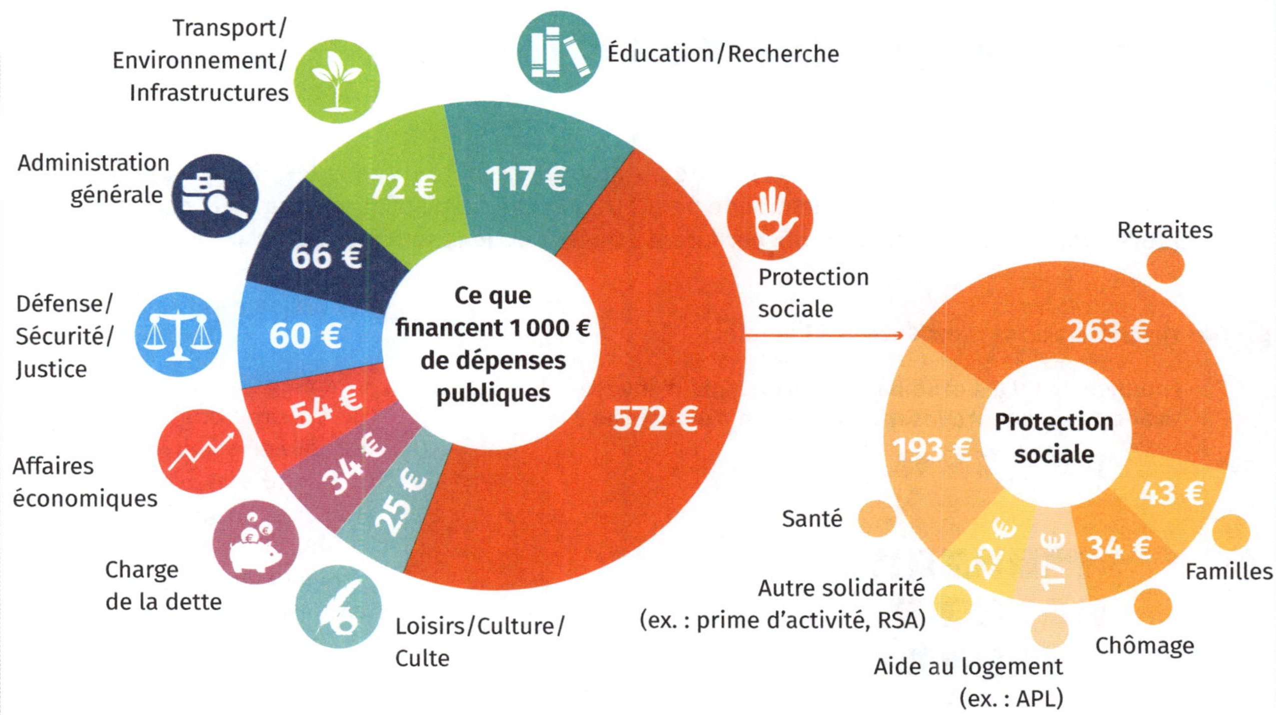

Source : aquoiserventmesimpots.gouv.fr.

3 **L'utilité de l'impôt**

3. Doc 3 Rayez les propositions incorrectes.

- → En France, tout le monde paye 1000 euros d'impôts.
- → Financer les retraites représente plus d'un quart du montant total des dépenses publiques.
- → Les aides aux chômeurs sont plus élevées que les aides au logement.
- → Le remboursement de la dette représente deux fois plus d'argent que les aides sociales.

4. Doc 3 Expliquez pourquoi l'éducation et la recherche représentent un tel budget.

....

....

....

....

....

....

....

....

....

....

....

5. À partir du site « À quoi servent mes impôts ? », **complétez** le diagramme suivant pour indiquer d'où vient l'argent utilisé par l'État :

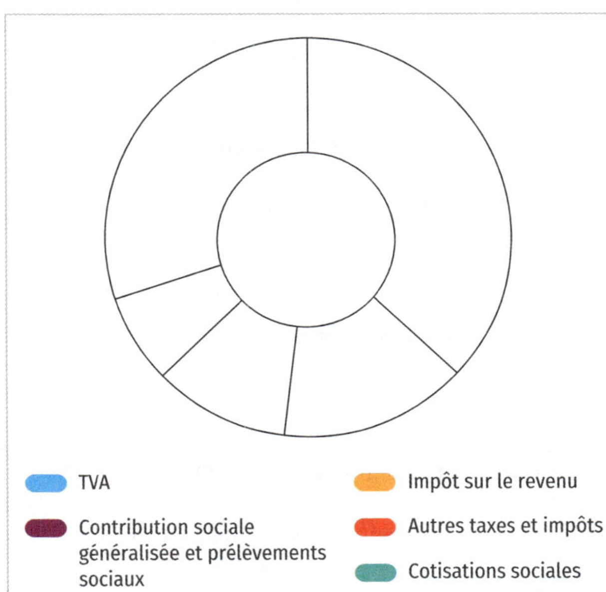

Dossier 5

Lutter contre les discriminations

La lutte contre les discriminations est nécessaire au nom de l'égalité de tous les citoyens. De nombreux acteurs participent à ce combat. Tout le monde peut être victime de discriminations mais peut aussi lutter contre. **Quelles sont les discriminations qui perdurent ? Quelles actions sont menées pour y mettre un terme ?**

1 Des discriminations dans l'accès à l'emploi

Source : Institut Montaigne, 2013-2014.

2 Les inégalités dans l'organisation familiale

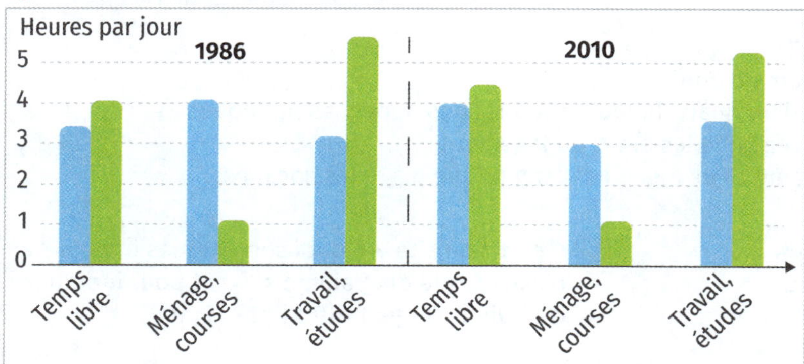

Source : Sondage Insee, 2010.

3 Le racisme anti-asiatique

Zhang Chaolin, homme de 49 ans d'origine chinoise, est décédé vendredi 12 août des suites des blessures liées à l'agression qu'il a subie en pleine rue, à Aubervilliers, le 7 août dernier. [...] Le racisme anti-asiatique, au contraire des autres formes de racisme, est un racisme silencieux qui aujourd'hui a pris une ampleur inédite dans certains quartiers. Il doit être combattu avec la même force et la même détermination que doivent l'être l'antisémitisme et les autres formes de racisme.

D'après la Ligue internationale contre le racisme et l'antisémitisme (LICRA), « Aubervilliers : le racisme anti-asiatique tue », 16 août 2016.

Vers le débat

Avez-vous déjà été témoin de discriminations ?

1. À partir des **doc 1 et 2**, **identifiez** les discriminations qui perdurent en France.

Premier type de discrimination : ....

....

Deuxième type de discrimination : ....

....

2. Proposez une définition du terme « racisme ».

....

....

4 Le handicap, facteur de discrimination

Campagne menée par l'Association pour l'insertion sociale et professionnelle des personnes handicapées (LADAPT), 2015.

5 Le rôle du Défenseur des droits

Le Défenseur des droits est une institution indépendante de l'État. Créée en 2011 et inscrite dans la Constitution, elle s'est vu confier deux missions :

- défendre les personnes dont les droits ne sont pas respectés ;
- permettre l'égalité de tous et toutes dans l'accès aux droits.

Toute personne physique (un individu) ou toute personne morale (une société, une association, etc.) peut le saisir directement et gratuitement lorsqu'elle :

- pense qu'elle est discriminée ;
- constate qu'un représentant de l'ordre public (police, gendarmerie, douane, etc.) ou privé (un agent de sécurité, etc.) n'a pas respecté les règles de bonne conduite.

Site Internet du Défenseur des droits.

Parcours 1

3. Doc 5 Expliquez le rôle du Défenseur des droits.

....

....

Parcours 2 À l'oral

Vous venez d'être nommé Défenseur des droits et vous devez rédiger un discours que vous prononcerez au cours d'une conférence de presse. Votre discours a pour thème : « La lutte contre les discriminations en France aujourd'hui ». Aidez-vous de vos connaissances, de ce dossier documentaire et de recherches en ligne.

....

....

....

....

....

Cours

Égaux et fraternels

Problématique ? Comment l'égalité et la fraternité renforcent-elles le projet républicain ?

A Des valeurs inscrites dans la constitution et l'histoire de la République

→ L'**égalité** et la **fraternité** sont des principes inscrits dans la constitution française et dans la devise de la République. Elles sont le fruit de conquêtes historiques, mais leur conception a évolué dans le temps.

→ L'égalité devant la loi est inscrite dans la Déclaration des droits de l'homme et du citoyen de 1789. Pourtant, le **suffrage universel** masculin n'est instauré qu'en 1848 et n'est étendu aux femmes qu'en 1944.

→ Mentionnée dès 1789, la valeur de fraternité n'est intégrée à la devise de la République qu'en 1848. Elle constitue le fondement de la **cohésion nationale** et est renforcée par l'adoption récente de lois protégeant la **dignité** de chacun (loi Solidarité et renouvellement urbain en 2000 qui lutte contre l'exclusion sociale, loi pour l'Égalité des droits et des chances en 2005).

B Faire société grâce à la solidarité et à la justice sociale

→ En France, l'État garantit la **justice sociale** : les efforts de chacun permettent d'assurer la solidarité au niveau collectif. L'**impôt** permet par exemple une redistribution des richesses et le financement de services publics bénéficiant à chaque citoyen.

→ Des lois récentes viennent renforcer ces principes et leur expression concrète. Les prestations sociales (RMI puis RSA) garantissent un revenu minimum aux personnes en difficulté. Le plan Solidarité grand âge en 2006 assure par exemple l'entraide entre les générations.

C S'engager et lutter contre les discriminations

→ Aujourd'hui, malgré l'affirmation des valeurs républicaines, des **discriminations** persistent : des citoyens sont stigmatisés pour de multiples raisons (couleur de peau, croyances, handicap, sexe, etc.). Des lois visent à lutter contre ces injustices, telles que la loi relative à la lutte contre le racisme de 1972 ou la loi Gayssot de 1990. Dans le domaine de l'égalité hommes-femmes, la loi pour l'Égalité réelle entre les hommes et les femmes (2014) fait suite à la loi Roudy (1986) et cherche à corriger des discriminations encore existantes.

→ Pour faire vivre ces valeurs au quotidien, l'engagement de tous est nécessaire. Au lycée, les différents conseils démocratiques sont des espaces d'expression. Dans la société, l'engagement peut se faire par le biais des associations, des syndicats, des partis politiques ou en s'engageant dans le cadre du **service national universel** (créé en 2018).

Notions

- **Cohésion nationale :** communauté de valeurs et d'objectifs entre les membres d'un État-nation.
- **Dignité :** respect dû à chaque individu.
- **Discrimination :** traitement différencié des individus en fonction de leur couleur de peau, leur croyance, leur origine, leur orientation sexuelle, leur genre, etc.
- **Égalité :** valeur considérant les individus sans différence de traitement.
- **Fraternité :** valeur établissant un lien solidaire entre chaque citoyen.
- **Impôt :** somme versée à l'État pour assurer les dépenses collectives.
- **Justice sociale :** répartition équilibrée des ressources au sein d'un groupe pour améliorer le bien-être collectif.
- **Service national universel :** moyen de promotion de la cohésion nationale par la formation à la défense et à la préservation de valeurs communes.
- **Suffrage universel :** reconnaissance du droit de vote à tous les citoyens.

Numérique

Carte mentale de synthèse en ligne LLS.fr/HG1PEXP132.

Un document clé

1 Le salaire ne dépend-il que des compétences ?
Campagne d'affichage du ministère du Travail, avril 2016.

À l'oral

Présentez le document en faisant une phrase.

À l'écrit

Décrivez le phénomène contre lequel cette campagne cherche à lutter.

J'apprends mon cours

1. **Reliez** les événements aux bonnes dates.

L'égalité devant la loi ○	○ 1972
Droit de vote des femmes ○	○ 1789
Loi contre le racisme ○	○ 1944
« Fraternité » dans la devise de la République française ○	○ 1848

2. **Expliquez** pourquoi l'impôt est un mécanisme de solidarité.

Je me réapproprie le cours

Votre petit frère ou petite sœur, âgé(e) d'environ 7 ans, vous demande de lui expliquer le sens du mot « égalité ». **Rédigez** une réponse simple et claire, appuyée sur un exemple précis.

Bac

Je révise

Je connais les principales notions Compétence

Associez la définition correspondant à chacune des notions proposées.

Fraternité ○ ○ Valeur refusant les différences de traitement entre les individus.

Discriminations ○ ○ Répartition équilibrée des ressources au sein d'un groupe pour améliorer le bien-être collectif.

Justice sociale ○ ○ Valeur établissant un lien solidaire entre chaque citoyen.

Égalité ○ ○ Traitement différencié des individus en fonction de leur couleur de peau, leur croyance, leur origine, leur orientation sexuelle, leur genre, etc.

J'analyse et j'interprète une caricature Compétence

1 Des égalités à conquérir
Dessin d'André-Philippe Côté, 17 octobre 2010.

1. **Identifiez** la nature du document :
- ☐ une caricature de presse ;
- ☐ une affiche ;
- ☐ une caricature ;
- ☐ une peinture.

2. **Expliquez** le message et l'objectif du document.

....

....

....

....

3. À partir de vos connaissances personnelles et de recherches complémentaires, **montrez** où en est l'égalité hommes-femmes en France.

....

....

....

....

....

....

....

Je complète la carte mentale

Complétez la carte mentale suivante à partir du cours et de vos connaissances.

ÉGALITÉ

- Comment définir cette notion ?
- Quels sont les acteurs qui font vivre cette notion ?
- Quelles sont les tensions et les limites ?

FRATERNITÉ

- Comment définir cette notion ?
- Quels sont les acteurs qui font vivre cette notion ?
- Quelles sont les tensions et les limites ?

Je fais le bilan

Après avoir étudié ce chapitre, qu'ai-je appris ?

THÈME 2 Préserver la paix et protéger des valeurs communes : défense et sécurité en France et en Europe

Depuis la fin de la Seconde Guerre mondiale, la France, comme d'autres pays européens, s'est engagée pour préserver la paix et protéger ses valeurs démocratiques. Aujourd'hui, les problématiques de défense et de sécurité sont au cœur de l'actualité face aux attentats terroristes et à la crise sanitaire. De multiples acteurs, engagés volontairement dans une démarche citoyenne, interviennent.

Problématique **Comment l'État préserve-t-il la paix et protège-t-il nos valeurs démocratiques ? Quelle politique de défense et de sécurité est mise en place en France et en Europe ?**

1 Protéger face au terrorisme

Opération Sentinelle à Paris, 23 mars 2019.

L'opération Sentinelle a été lancée au lendemain des attentats de janvier 2015 en France. 10 000 soldats, dont 3 000 en réserve, sont mobilisés pour protéger les « points » sensibles à Paris et dans le reste de la France.

Je teste mes connaissances

Quel acteur est considéré comme « le chef des armées » en France ?	À l'échelle de l'Union européenne, il existe :	En quelle année est créé le service national universel (SNU) ?
☐ Le Premier ministre	☐ Une armée commune	☐ 2015
☐ Le président de la République	☐ Une politique de défense commune	☐ 2019
☐ L'ensemble des généraux	☐ Un service militaire unique	☐ 2021

J'analyse un document iconographique

1. Décrivez la scène représentée sur la photographie.

....

....

....

2. Expliquez en quoi ce document illustre le thème du chapitre.

....

....

....

3. Montrez qu'il est également paradoxal d'illustrer ce thème par une telle photographie.

....

....

....

Carnet de bord

Dans ce chapitre, j'ai étudié les dossiers suivants :

Nom du dossier	Qu'ai-je retenu ?
....	....
....	....
....	....
....	....
....	....

Dossier 1

Défendre la République et ses valeurs

La Révolution française transforme les habitants du pays en citoyens et les charge de la défense de la nation. Depuis, la situation a évolué, remettant en cause le principe d'une armée-citoyenne. **Comment la République assure-t-elle sa défense ?**

1 La fin du service militaire obligatoire sous la présidence de Jacques Chirac

Une loi est promulguée le 28 octobre 1997 officialisant la suspension du service national (et non sa suppression). L'armée française se professionnalise et devient donc une armée dite « de métier ».

Le 22 février 1996, Jacques Chirac, alors président de la République, annonce au cours d'un entretien télévisé une profonde réforme de la Défense. Le service militaire vit alors ses derniers instants. « Le service militaire a été créé en 1905, comme vous le savez, à une époque où il fallait des poitrines à opposer à d'autres poitrines – si j'ose dire – face à un danger extérieur », explique le Président Chirac. « Cette époque est complètement révolue. Nous n'avons plus besoin d'appelés, de gens faisant leur service militaire. »

Paul Hessenbruch, « Fin du service militaire : premiers pas il y a 20 ans », *defense.gouv.fr*, 22 février 2016.

2 Le service militaire, entre fantasme et nostalgie

Dessin de Frédéric Deligne, *La Montagne*, 1er novembre 2019.

1. À partir du **doc 1**, **indiquez** à quoi correspondent les dates suivantes :

1905 : ....

22 février 1996 : ....

28 octobre 1997 : ....

2. **Doc 2** **Expliquez** comment le service militaire est représenté sur ce document.

....

....

....

....

....

Vers le débat

Faut-il rétablir un service militaire obligatoire ? En binôme ou en classe entière, débattez sur ce thème.

3 Bryan, 16 ans, en CAP menuiserie, raconte son service national universel (SNU)

Ce que tu as le plus aimé [durant ton SNU] ?

L'apprentissage du sauvetage en mer. On est parti en bateau par équipe de 3 et on devait sauver un homme (un sauveteur) qui faisait semblant de se noyer. C'était vraiment une super expérience !

Ce que tu as le moins aimé ?

On avait aussi des moments plus scolaires assis en classe. Huit heures d'affilée dans une classe, c'est long et c'était des choses que j'avais déjà apprises à l'école. Ca m'ennuyait un peu. Je préférais faire du sport. C'est pour cela que j'étais venu.

Et le côté militaire ?

On a fait des parcours du combattant. C'était dur sur le moment mais ça m'a bien plu. En revanche le lever des couleurs, la Marseillaise tous les matins, c'était trop ! Et puis on devait se coucher à 22 h 30. C'est trop tôt. Finalement, on ne se couchait jamais avant minuit avec mes potes. En revanche, se lever à 6 h 30 n'était pas un problème. J'ai l'habitude, je me lève à 6 h 00 tous les matins en temps normal.

Comment était l'ambiance ?

On était par chambrée de 10. Quand je suis arrivé, personne ne se connaissait mais tout de suite le contact a été super. C'était comme si on se connaissait depuis longtemps. On venait de tous les coins de France.

Témoignage de Bryan, cidj.com, juillet 2019.

3. Doc 3 Soulignez dans le texte en rouge les aspects négatifs et en vert les aspects positifs.

4. Doc 3 Résumez la vision que Bryan a de son expérience du service national universel.

....

....

....

....

4 S'engager dans l'armée

Régulièrement, l'armée lance des campagnes de recrutement, comme ici en 2016.

5. Doc 4 En analysant ce document, **complétez** le tableau suivant :

Qui a créé cette affiche ?	
Quel est le public visé ?	
Quel est l'objectif de l'affiche ?	

Les acteurs de la sécurité nationale

Afin de préserver la paix et de protéger nos valeurs démocratiques, différents acteurs interviennent à l'échelle nationale pour protéger les citoyens et citoyennes, mais aussi à l'échelle internationale dans des opérations de maintien de la paix et de formation des armées étrangères. **Qui sont les acteurs de la sécurité nationale en France ? Quelles sont leurs missions ?**

1 Les différents visages de la sécurité

Les pompiers de Paris interviennent au Bataclan, lors des attentats du 13 novembre 2015.

Les pompiers de Paris, tout comme ceux de Marseille, sont des militaires, et ce depuis 1811. La brigade de sapeurs-pompiers de Paris est composée de 8600 militaires répartis dans 71 centres de secours.

2 Sécurité nationale et situation sanitaire

Symbole de la rentrée du gouvernement, Emmanuel Macron a présidé, ce mardi 25 août, un Conseil de défense. [...]

Derrière un nom mystérieux, le Conseil de défense cultive le secret au sommet de l'État. Mais à quoi sert-il ? « C'est le lieu majeur de préparation des décisions du président de la République sur les enjeux essentiels de la sécurité du pays », résumait dans *Le Figaro* Jean-Yves Le Drian[1]. Un lieu situé 70 mètres sous terre, « dans le bunker de l'Élysée », précise le journal. La liste des participants du Conseil de défense dépend de l'ordre du jour. Les sujets qui y sont abordés peuvent aller de la situation internationale au terrorisme et à la crise sanitaire. [...] Qui dit Conseil de défense, dit classé secret-défense.

Marie-Pierre Haddad, « Coronavirus : à quoi sert le Conseil de défense, présidé par Emmanuel Macron ? », *RTL*, 25 août 2020.

1. Ministre de l'Europe et des Affaires étrangères.

1. **Doc 2** **Expliquez** le rôle d'un Conseil de défense.

....

....

....

2. **Doc 1** À votre avis, pourquoi les pompiers sont-ils des militaires ?

....

....

....

3. **À l'oral** Seul ou en binôme, **imaginez** quelles seraient vos priorités si vous étiez membre du Conseil de défense.

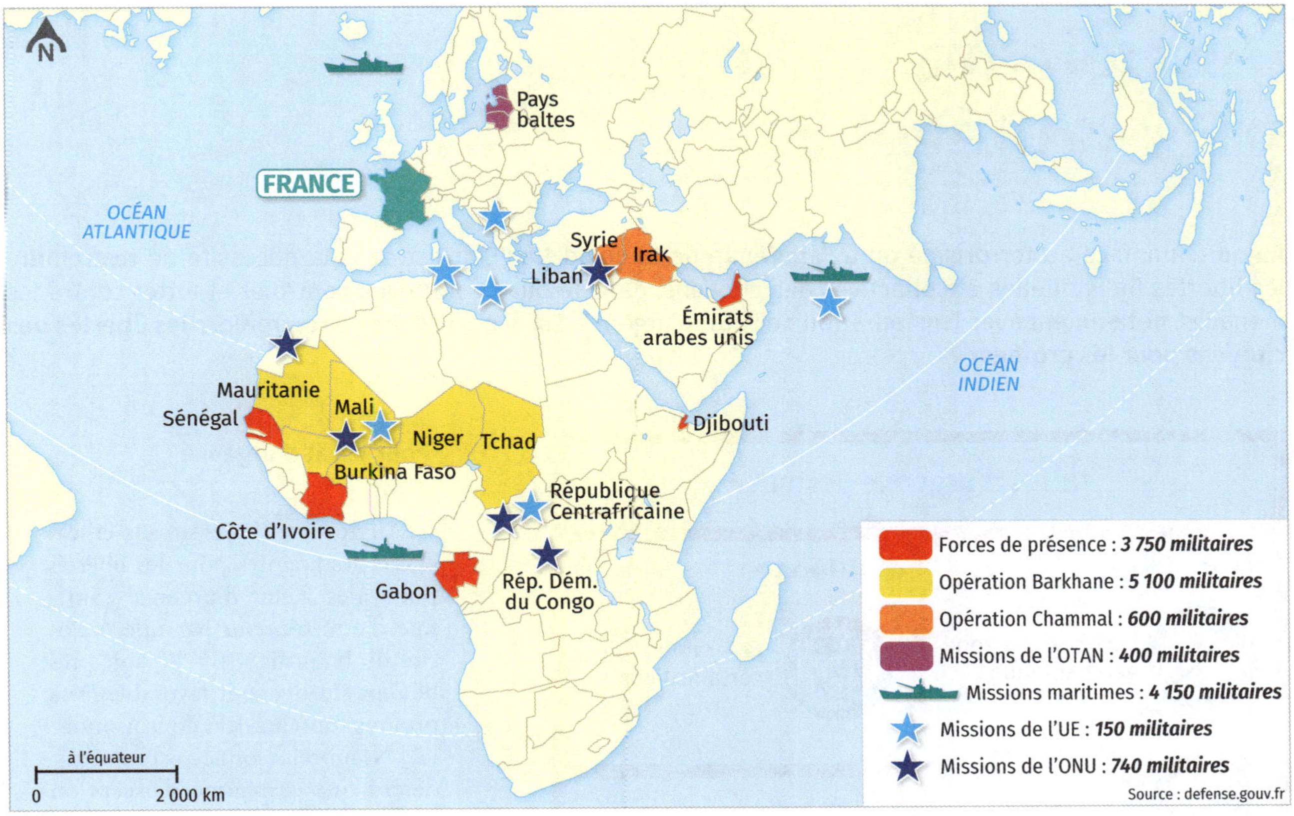

3 Agir hors des frontières

D'après le ministère de la Défense, 2021.

4. Doc 3 Présentez les différents espaces dans lesquels les soldats français interviennent.

....

....

....

5. Doc 3 Identifiez les structures internationales avec lesquelles la France collabore.

....

....

6. Doc 3 Sur Internet, **cherchez** des informations sur ces opérations et **complétez** le tableau suivant :

Nom de l'opération	Pays concerné(s)	Objectif
Barkhane		
Chammal		

Restreindre les libertés pour protéger ?

Aujourd'hui, face au terrorisme ou à l'épidémie de la Covid-19, l'État est dans la nécessité de restreindre les libertés individuelles et collectives des citoyens, dans le but de protéger, contrôler et lutter contre les menaces, notamment avec l'instauration de l'état d'urgence. **Est-il nécessaire de restreindre les libertés des citoyens pour les protéger ?**

L'état d'urgence permet

d'interdire
- l'accès à une zone géographique
- la circulation
- l'organisation de réunions

d'ordonner
- la fermeture de certains lieux

d'engager
- des perquisitions

Source : ministère de l'Intérieur, 2015.

1 Faire face aux menaces

Créé par la loi du 3 avril 1955, pour faire face à la guerre d'Algérie, l'état d'urgence modifie temporairement la forme de l'État pour faire face à une situation d'exception.

2 Pour l'état d'urgence

Malgré les critiques sur son efficacité et les craintes pour les libertés publiques, l'état d'urgence continue d'être soutenu par une majorité de Français – 69 %, soit près de sept sur dix sont favorables à sa prolongation au-delà de trois mois. [...] Nombreux sont ceux qui considèrent que ce régime d'exception [...] les protège contre la menace terroriste et le risque d'un nouvel attentat, redouté de tous. [...] Pour se sentir en sécurité, Guillaume Even est lui aussi prêt à « amender quelque temps [ses] libertés », « le prix à payer », estime-t-il, pour assurer la sécurité des citoyens [...].

Camille Bordenet, « "J'ai encore trop peur" : une majorité de Français soutiennent l'état d'urgence », *Le Monde*, 25 janvier 2016.

Parcours 1

1. **Doc 1** **Expliquez** les objectifs de l'état d'urgence.

....

....

....

....

....

....

....

2. **Doc 2** Dans le texte, **surlignez** en bleu les éléments qui montrent que l'état d'urgence est soutenu par les Français.

Vers le débat

Vous devez convaincre un ami opposé à l'état d'urgence. Rédigez un bref discours en insistant sur l'importance de cette mesure.

3 Un état d'urgence critiqué

Miss Lilou, dessin publié sur son blog, 14 décembre 2016.

4 Le danger sanitaire contraint les libertés

Un Observatoire de l'état d'urgence sanitaire et du confinement a été mis en place pour contrôler les mesures prises. Le président, Jean-Marie Burguburu, et la vice-présidente, Laurène Chesnel, partagent leurs première impressions.

« Avec la mise en place de l'état d'urgence sanitaire pour lutter contre l'épidémie de Covid-19, notre état de droit se trouve mis à mal par des mesures d'exception qui contreviennent à nos droits fondamentaux – liberté de déplacement, de réunion, de travail, etc. Il relève de nos missions de contrôler que l'application de ces mesures demeure nécessaire, proportionnée, exceptionnelle, non discriminatoire et temporaire. Et de surveiller les éventuelles violations des droits et libertés. […] Actuellement, nous sommes particulièrement préoccupés par le projet de traçage numérique des citoyens, sur lequel nous préparons un avis. »

Camille Bordenet, « L'état d'urgence sanitaire ne justifie pas une telle disproportion dans l'atteinte aux droits », *Le Monde*, 17 avril 2020.

Parcours 2

1. Dans le **doc 3**, la figure féminine représente :

- ☐ La France ;
- ☐ Marianne, symbole de la République ;
- ☐ Une militante Femen ;
- ☐ Une mariée.

2. **Doc 4** Pourquoi la crise sanitaire entraîne-t-elle des restrictions de libertés ? Comment les contrôler ?

....

....

....

....

....

....

....

....

Vers le débat

Vous devez convaincre un ami que l'état d'urgence est dangereux pour les libertés. Rédigez un bref discours avec des arguments précis.

Dossier 4 Mission

Défense et coopération en Europe : une réalité ?

La défense et la coopération en Europe sont des éléments importants au regard des nouvelles menaces mondiales. Le traité de Maastricht, en 1992, accorde une place centrale à l'idée d'une défense européenne, mais il reste encore de nombreuses problématiques pour créer une « armée européenne ». **Comment l'Europe met-elle en place une politique de défense commune ?**

Comment mener ma mission ?

Vous êtes le conseiller du président des États-Unis concernant la politique à mener vis-à-vis de l'Europe.
Il doit se rendre prochainement sur le continent européen et il a besoin d'informations sur le thème de la défense et de la coopération européennes existant entre les différents pays du continent. Vous êtes donc chargé de rédiger pour le président une fiche mémo avant son départ.

Consigne : Pour mener à bien cette mission, utilisez les documents de ce dossier ainsi que les ressources numériques.

- **1989 :** Annonce de la création d'une brigade franco-allemande.
- **1992 :** Traité de Maastricht et création de la politique étrangère et de sécurité commune (PESC). Création de l'Eurocorps qui regroupe cinq états membres lors du Conseil franco-allemand de La Rochelle.
- **1998 :** Sommet franco-britannique de Saint-Malo : création de la politique européenne de sécurité et de défense (PESD).
- **2003 :** Première opération de l'Union européenne en Macédoine.
- **2004 :** Création de l'Agence européenne de défense.
- **2009 :** Entrée en vigueur du traité de Lisbonne ; la PESD devient la politique de sécurité et de défense commune (PSDC).
- **2016 :** Sommet de Varsovie : coopération entre l'OTAN et l'UE. Implication directe de la Commission européenne dans les questions de défense.

Source : vie-publique.fr

1 Les étapes de la politique européenne de défense

2 L'Eurocorps de retour du Mali

L'Eurocorps, basé à Strasbourg, regroupe 1000 soldats de cinq pays (France, Allemagne, Belgique, Espagne, Luxembourg). Initialement sous le contrôle de l'OTAN, il est, depuis l'intervention au Mali, dirigé par l'Union européenne.

Numérique

L'Eurocorps a 25 ans LLS.fr/HG1PEurocorps.

3 L'armée européenne, une réalité ?

Ce fut longtemps l'une de ces illusions dont l'Europe se berçait, mais l'idée d'une armée européenne n'aura finalement généré que des déceptions. Parce que de nombreux dirigeants ont jugé que la politique de sécurité commune, un concept synthétisé par la notion « d'armée européenne », devait, en réalité, rester ce qu'il était : un principe creux. [...]

Ces dirigeants disposaient pour cela d'excellents arguments : un État membre éminent, la Grande-Bretagne, se hérissait à la simple évocation d'une plus forte intégration en matière de défense et, d'autre part, c'est l'OTAN, réunissant les Européens sous le parapluie américain, qui était, dans leur esprit, censée assurer *ad vitam* la protection du continent.

Jean-Pierre Stroobants, « L'armée européenne, un vieux rêve resté tabou », *Le Monde*, 30 septembre 2020.

4 La difficile entente à 27

Dessin d'Ixène, 9 novembre 2018.

À partir des documents et, si nécessaire, de recherches complémentaires, **rédigez** une fiche pour le président des États-Unis. Soyez clair et concis, il a un emploi du temps très chargé.

À l'attention du président des États-Unis

Dates clés à connaître :

→ .... → .... → ....

→ .... → .... → ....

L'Eurocorps :

....

....

Fragilités de la politique de défense européenne :

....

....

Conclusion : pourquoi n'y a-t-il pas d'armée européenne ?

....

....

....

L'enjeu de la cybersécurité

Le développement d'Internet offre de magnifiques opportunités pour rapprocher les individus et les peuples. C'est aussi, pour les moins scrupuleux, un nouvel espace de criminalité. **Quels moyens sont mobilisés pour lutter contre les cybermenaces ?**

1 Comment se protéger ?

Dessin de Martin Vidberg, 2016.

Référence européenne en matière de cybersécurité, le Forum international de la cybersécurité (FIC) se réunit chaque année depuis 2007 dans la région Hauts-de-France. C'est à la fois un forum d'échanges et de réflexion et un lieu de rencontre pour les fournisseurs de solutions de sécurité informatique.

Activité numérique

Découvrez le site Cybermalveillance LLS.fr/HG1PCyberMalveillance et présentez-le sous forme d'une petite fiche : utilité, conseils de bonnes pratiques, menaces existantes, etc.

1. **Doc 1** **Expliquez** de quoi se moque le dessin.

....

2. **Définissez** la notion de cybersécurité.

....

Le site Cybermalveillance

Utilité : ....

Menaces existantes : ....

Conseils donnés : ....

2 Sensibiliser les utilisateurs

Fix, affiche pour le Cybermoi/s, 2019.

3 Le secteur clé de la cyberdéfense

La plupart du temps, rien ne filtre officiellement. Car c'est avant tout une guerre de l'ombre où les services de renseignement souhaitent rester très discrets pour ne pas divulguer la moindre information à l'ennemi. Et pourtant les armées tout comme l'Agence nationale de la sécurité des systèmes d'information (ANSSI) sont à l'origine de nombreux succès opérationnels. [...] En 2018, le commandement de la cyberdéfense (Comcyber), créé il y a deux ans, a recensé 831 événements significatifs, en hausse d'environ 20 % par rapport à 2017 (700 recensés). Soit plus de deux attaques par jour !

Les attaques les plus sérieuses subies par les armées sont l'œuvre des États, qui se cachent souvent derrière des groupes très structurés. « Aujourd'hui, les menaces et le nombre des attaquants augmentent, mais la capacité d'attaques complexes appartient encore aux États », souligne le commandant cyber de l'état-major des armées, le général Olivier Bonnet de Paillerets. [...]

Quels États se cachent derrière ces opérations ? « En 2018, le ministère des Armées a été la cible d'attaques par un mode d'action connu de nos services, que certains attribuent à Turla, groupe affilié au service fédéral de sécurité russe », pointe le général Lecointre.

Michel Cabirol, « Cyberdéfense, une guerre de l'ombre permanente pour la France », *La Tribune*, 27 janvier 2020.

3. **Complétez** les phrases suivantes à partir du **doc 3** :

→ La plupart des cyberattaques sont lancées par ....

→ En 2018, en moyenne, il y a eu plus de .... cyberattaques chaque jour.

→ Ce chiffre a fortement augmenté : ....

4. **Identifiez** le public visé par le **doc 2**.

....

....

5. **Doc 2** **Montrez** quel est l'objectif de cette affiche.

....

....

Je m'interroge

Vous sentez-vous concerné par votre cybersécurité ? Comment faites-vous pour vous protéger ?

Cours

Préserver la paix et protéger des valeurs communes : défense et sécurité en France et en Europe

Problématique Comment préserver la paix et défendre nos valeurs au XXIe siècle ?

A Défendre les valeurs de la République

→ En 1789, les révolutionnaires estiment que la défense de la République et des valeurs communes doit être assurée par les citoyens rassemblés dans l'armée de conscription, qui est universelle et obligatoire.

→ L'armée française a fortement évolué depuis sa création comme armée de **conscription** en 1789. Le service militaire obligatoire pour tous les hommes a été institué en 1905 puis suspendu en 1997. Le service national universel (SNU), créé en 2018, apparaît comme une nouvelle forme d'engagement des citoyens.

B De nouvelles menaces

→ Le modèle de défense de l'État français mis en place à la Révolution reposait sur l'idée d'affrontements armés entre États. Or, depuis la Seconde Guerre mondiale, les menaces ont évolué : elles prennent la forme de réseaux dissimulés ou d'actes ponctuels qui ne visent plus seulement les États, mais aussi les entreprises et les populations civiles.

→ Le développement du **terrorisme** entraîne une redéfinition des stratégies de défense de l'État. Celui-ci crée ainsi des dispositifs, des outils et des instances permettant d'assurer le renseignement et la **sécurité**. De la même manière, l'émergence des menaces numériques et de la cybercriminalité implique le développement d'outils de cybersécurité.

C Construire une défense européenne

→ Aujourd'hui, les questions de sécurité ne peuvent plus être posées uniquement dans le cadre des frontières nationales. Ainsi, à l'échelle de l'Union européenne, une **politique européenne de sécurité et de défense** (PESD) a été développée et de nombreuses initiatives voient le jour pour renforcer cette **coopération**.

→ Dans le domaine du renseignement, les services de chaque État membre collaborent pour développer des bases de données communes.

→ Ces coopérations sont délicates à mettre en œuvre car elles touchent à la **souveraineté nationale** : les États veulent aussi conserver leur liberté d'action individuelle.

Notions

- **Conscription :** recrutement d'une armée basée sur l'appel annuel d'une classe d'âge.
- **Coopération :** association de personnes ou d'États en vue de défendre des intérêts communs.
- **Politique européenne de sécurité et de défense, PESD (aujourd'hui PSDC) :** stratégie de défense et de sécurité commune propre à l'Union européenne.
- **Sécurité :** actions et moyens permettant de garantir l'absence de périls.
- **Souveraineté nationale :** indépendance politique d'un État par rapport aux autres États dans l'exercice du pouvoir sur son territoire et sa population.
- **Terrorisme :** actes violents destinés à désorganiser une société et répandre la peur.

Numérique

Retrouvez une carte mentale de synthèse sur LLS.fr/HG1PEXP148.

Document clé

1 « La liberté sera toujours la plus forte. »

Dessin de Plantu, *Le Monde*, 9 janvier 2015.

Le dessinateur Plantu a réalisé ce dessin au lendemain des attentats contre Charlie Hebdo et l'Hyper Cacher (7 et 9 janvier 2015). Il rend hommage aux dessinateurs de Charlie Hebdo.

J'apprends mon cours

1. Comment l'armée a-t-elle évoluée en France depuis la Révolution française ?

2. **Définissez** l'état d'urgence sanitaire.

3. **Doc 1** **Expliquez** l'idée que l'auteur de ce dessin veut défendre.

Je me réapproprie le cours

Répondez à la problématique du cours en rédigeant quelques phrases.

Bac

Je révise

Je maîtrise les repères chronologiques

Reliez chaque événement à sa date.

1789 ○	○ Traité de Maastricht.
1992 ○	○ Déclaration des droits de l'homme et du citoyen.
2003 ○	○ Création du service national universel.
2018 ○	○ Première opération de l'Union européenne en Macédoine.

Je maîtrise les principales notions

Reliez chaque notion à sa définition.

Sécurité ○	○ Actes violents destinés à désorganiser une société et répandre la peur.
PSDC ○	○ Recrutement d'une armée basée sur l'appel annuel d'une classe d'âge.
Coopération ○	○ Association de personnes ou d'États en vue de défendre des intérêts communs.
Terrorisme ○	○ Stratégie de défense et de sécurité commune propre à l'Union européenne.
Conscription ○	○ Actions et moyens permettant de garantir l'absence de périls.

1 La loi de sécurité globale, un projet critiqué

Manifestation à Paris contre la loi de sécurité globale, 28 novembre 2020.

J'analyse un document iconographique

1. **Présentez** ce document.

....

....

2. Les personnes photographiées sont-elles pour ou contre le projet de loi ? **Justifiez** votre réponse.

....

....

....

....

....

....

Je complète la carte mentale

Complétez la carte mentale en ajoutant ces termes.

- → Risque de guerre
- → L'État
- → Service national universel
- → Fin du service militaire
- → Les citoyens et citoyennes
- → L'armée
- → Terrorisme
- → Sécurité intérieure
- → Cybersécurité
- → Intervention de soldats français à l'extérieur du territoire
- → Coopération avec des instances internationales
- → Politique de défense européenne

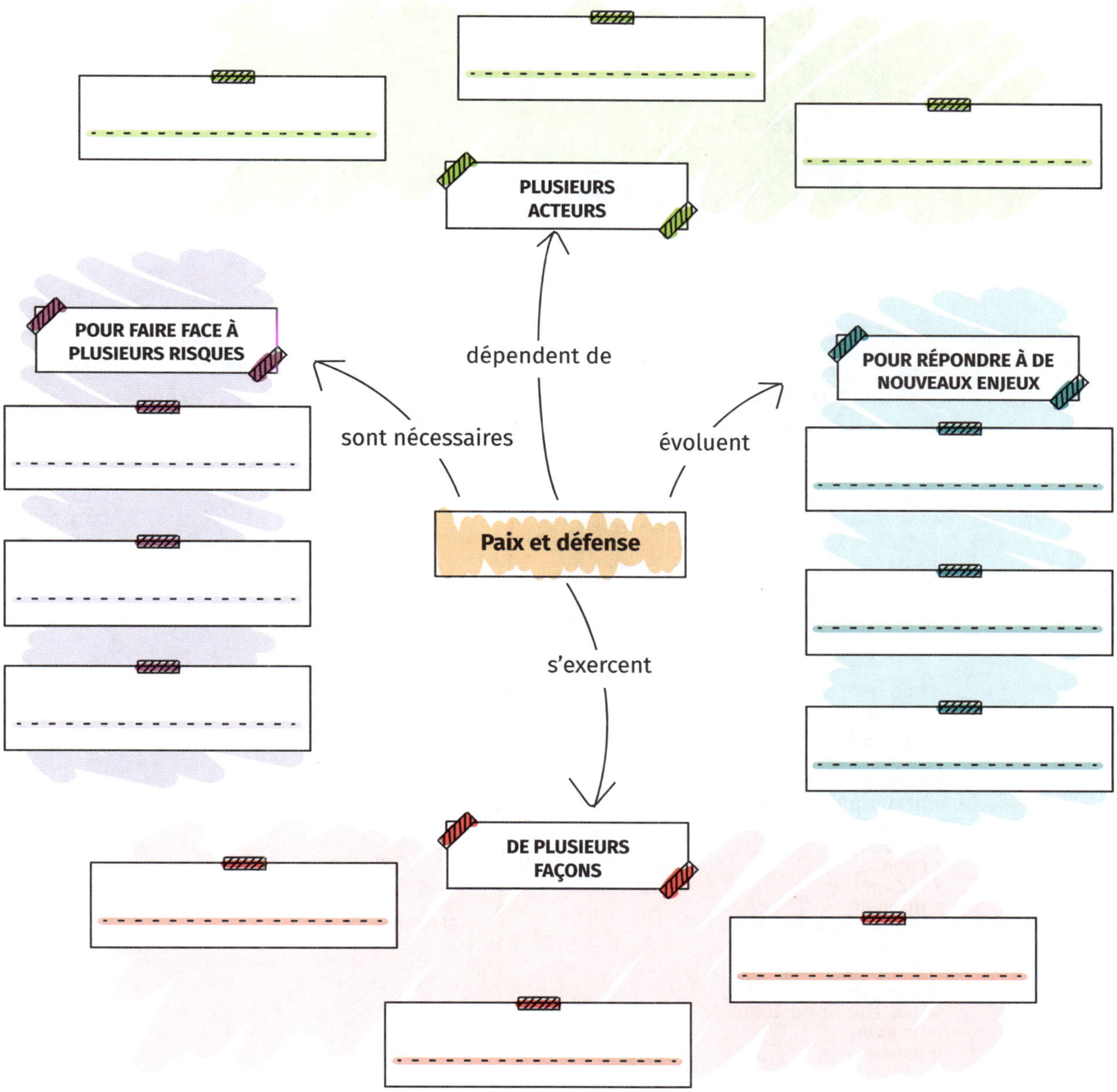

Groenland (DANEMARK)
Alaska (ÉTATS-UNIS)
CANADA
ISLANDE
ROYAUME-UNI
IRLANDE
PORTUGAL
ÉTATS-UNIS
OCÉAN ATLANTIQUE
MAROC
BAHAMAS
HAÏTI
RÉPUBLIQUE DOMINICAINE
MEXIQUE
CUBA
BELIZE
HONDURAS
JAMAÏQUE
MAURITANIE
MALI
CAP VERT
SÉNÉGAL
BURKINA FASO
GUATEMALA
NICARAGUA
EL SALVADOR
TRINITÉ-ET-TOBAGO
GUYANA
VENEZUELA
SURINAME
Guyane (FRANCE)
GAMBIE
GUINÉE
GUINÉE-BISSAU
SIERRA LEONE
LIBERIA
CÔTE D'IVOIRE
GHANA
TOGO
COSTA RICA
PANAMA
COLOMBIE
ÉQUATEUR
OCÉAN PACIFIQUE
PÉROU
BRÉSIL
BOLIVIE
PARAGUAY
CHILI
URUGUAY
ARGENTINE
1. ANDORRE
2. LUXEMBOURG
3. SUISSE
4. RÉPUBLIQUE TCHÈQUE
5. AUTRICHE
6. SLOVÉNIE
7. CROATIE
8. SLOVAQUIE
9. HONGRIE
10. BOSNIE-HERZÉGOVINE
11. SERBIE
12. MONTÉNÉGRO
13. KOSOVO
14. MACÉDOINE DU NORD
15. ALBANIE
16. LIBAN
17. ISRAËL
18. KOWEÏT
19. BAHREÏN
20. QATAR
21. ÉMIRATS ARABES UNIS
22. BRUNEI

RCTIQUE
RUSSIE
NDE
ESTONIE
LETTONIE
LITUANIE
BIÉLORUSSIE
JKRAINE
MOLDAVIE
OUMANIE
ULGARIE
GÉORGIE
ARM.
AZERB.
KAZAKHSTAN
MONGOLIE
OUZBÉKISTAN
KIRGHIZISTAN
TURKMÉNISTAN
TADJIKISTAN
ÈCE
TURQUIE
SYRIE
CHYPRE
16
17
IRAK
IRAN
AFGHANISTAN
JORDANIE
18
19
20
21
PAKISTAN
ÉGYPTE
ARABIE SAOUDITE
CHINE
CORÉE DU NORD
CORÉE DU SUD
JAPON
BHOUTAN
NÉPAL
BANGLADESH
INDE
MYANMAR
LAOS
TAÏWAN
OCÉAN PACIFIQUE
OMAN
ÉRYTHRÉE
YÉMEN
SOUDAN
DJIBOUTI
THAÏLANDE
VIETNAM
PHILIPPINES
CAMBODGE
ÉTATS FÉDÉRÉS DE MICRONÉSIE
SOUDAN DU SUD
CAINE
ÉTHIOPIE
SOMALIE
MALDIVES
SRI LANKA
22
MALAISIE
OUGANDA
KENYA
RWANDA
BURUNDI
DÉM.
CONGO
TANZANIE
SEYCHELLES
OCÉAN INDIEN
INDONÉSIE
PAPOUASIE-NOUVELLE-GUINÉE
TIMOR ORIENTAL
COMORES
MALAWI
MAYOTTE
ZAMBIE
ZIMBABWE
MADAGASCAR
MOZAMBIQUE
MAURICE
TSWANA
LA RÉUNION
AUSTRALIE
NOUVELLE-CALÉDONIE
SWAZILAND (ESWATINI)
QUE
SUD
LESOTHO
NOUVELLE-ZÉLANDE
ANTARCTIQUE

Atlas

1 Le découpage administratif de la France

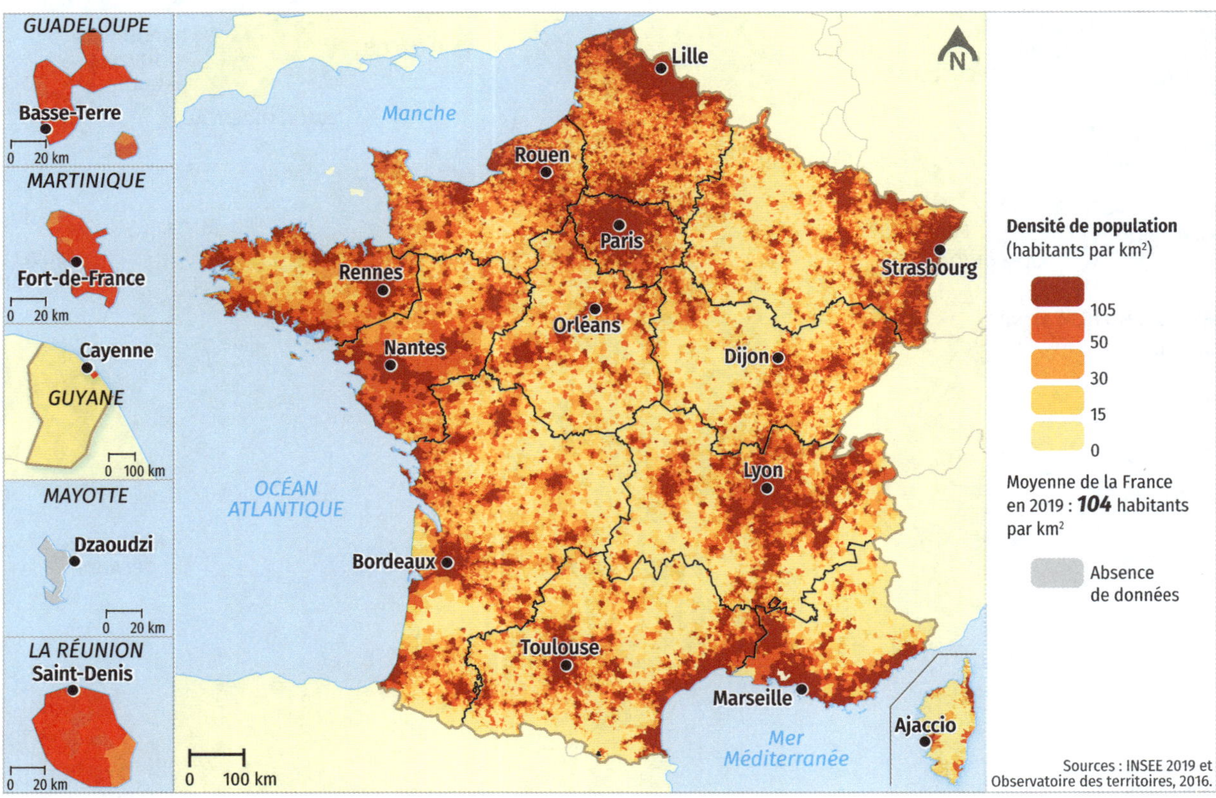

2 La densité de population en France

3 **Le continent africain**

Lexique

Histoire

Agriculture • activité tournée vers la production d'aliments végétaux ou animaux.

Anticolonialisme • remise en cause des principes du système colonial.

Antisémitisme • discrimination et hostilité envers les Juifs.

Artisanat • métier d'un artisan qui maîtrise un savoir-faire manuel et exerce à son compte.

Censure • fait d'interdire ou d'empêcher par différents moyens (menaces, pression, etc.) la publication d'un ouvrage, l'expression d'une opinion ou encore l'exposition d'une œuvre artistique.

Droits sociaux • ensemble des dispositifs protégeant les travailleurs.

Empire colonial • ensemble des territoires sur lesquels s'exerce une domination coloniale.

Esclavage • domination absolue exercée sur un individu.

État-nation • État composé d'un territoire délimité par des frontières, sur lequel un gouvernement a toute légitimité pour organiser la vie d'une population. Cette dernière partage des traits culturels communs et une volonté de vivre ensemble.

Exode rural • départ des habitants des campagnes vers les villes.

Féminisation des emplois • augmentation de la proportion de femmes présentes dans un secteur donné.

France libre • mouvement de Résistance rassemblée autour du général de Gaulle. La France libre rassemble les résistants de l'intérieur, demeurés en France, et ceux qui poursuivent le combat à l'étranger.

Front • lieu où se déroulent les combats, par opposition avec l'arrière qui est le lieu des civils.

Génocide • mise à mort programmée, systématique et organisée d'un groupe en raison de son origine, de sa religion ou de son appartenance ethnique.

Guerre mondiale • conflit armé qui implique des belligérants sur plusieurs continents.

Guerre totale • conflit mobilisant l'ensemble des secteurs d'activités, les populations et les ressources d'un pays dans l'effort de guerre.

Industrialisation • passage d'un stade de production majoritairement artisanal et agricole à un stade de production industriel.

Instruction publique • organisation et gestion par l'État de la transmission des connaissances.

ONU • Organisation des Nations unies. Instituée en 1945, elle remplace la SDN.

Plantation • dans le système colonial, exploitation agricole reposant sur l'esclavage.

Poilu • soldat français qui a vécu la Première Guerre mondiale. Ils sont appelés Feldgrau en Allemagne et Diggers (ceux qui creusent) en Australie ou en Nouvelle-Zélande.

Propagande • ensemble de techniques de persuasion visant à diffuser une idée parmi la population.

Question sociale • réflexions autour de la transformation du monde du travail et des conditions de vie des travailleurs.

Régime totalitaire • dictature qui contrôle l'ensemble de la société au moyen d'un parti unique, de la terreur, de la propagande et du contrôle de l'économie.

Tertiarisation • évolution des économies où le nombre d'emplois du secteur tertiaire (services, tourisme, enseignement, commerce, santé, etc.) s'accroît alors que ceux de l'industrie et de l'agriculture diminuent.

Travail à la chaîne • méthode de production inventée par Henri Ford dans les années 1910 qui consiste à attribuer une tâche unique à chaque employé avec un rythme de travail soutenu.

Triple-Alliance • alliance regroupant en 1914 l'Allemagne, l'Autriche-Hongrie et l'Italie. Cette dernière n'entre pas en guerre aux côtés de ces deux pays et choisit en 1915 de rallier l'autre camp.

Triple-Entente • alliance regroupant en 1914 la France, la Russie et le Royaume-Uni.

Salaire • somme d'argent qui est remise à un salarié par son patron. Le salaire correspond soit à un temps de travail (horaires), soit à la tâche réalisée (nombre de produits fabriqués).

SDN • Société des Nations. Cette organisation internationale est créée en 1919 pour garantir la paix.

Syndicat • association de travailleurs qui cherche à défendre les intérêts d'une classe sociale.

Usine • établissement industriel où s'effectue la transformation des matières premières en produits finis.

Géographie

Aire urbaine • espace composé d'un pôle urbain et d'une couronne périurbaine.

Aménagement • action qui consiste à transformer l'espace pour répondre à des besoins.

Changements globaux • modifications de l'environnement liées aux activités humaines, qui ont des conséquences sur la vie des hommes et sur les écosystèmes.

Conflit d'usage • désaccord entre différents acteurs sur l'utilisation d'une ressource ou d'un espace.

Corridor • grand axe de communication reliant des territoires.

Densité de population • nombre d'habitants par km².

Développement • amélioration générale du niveau de vie.

Développement durable • mode de développement qui répond aux besoins des générations présentes, sans compromettre la capacité des générations futures à répondre aux leurs.

Espace périurbain • endroit où se diffuse l'urbanisation dans un espace encore rural.

Espace rural • regroupe l'ensemble des petites unités urbaines et communes rurales n'appartenant pas à l'espace à dominante urbaine.

Étalement urbain • augmentation de la superficie des espaces urbains sur les espaces ruraux, due au développement d'un habitat peu dense (maisons individuelles) et à la généralisation de l'automobile.

Flux • déplacement de personnes, de marchandises, de capitaux ou d'information.

Frontière • limite politique séparant deux États.

Gouvernance • manière dont un territoire (ville, région, État, etc.) est dirigé.

Habiter • représente l'interaction entre l'espace et l'individu. L'habiter implique l'ensemble des activités humaines (travail, résidence, loisirs, etc.).

Hub • point central d'un système de transport qui redistribue les flux à plusieurs échelles.

Indice de développement humain (IDH) • mesure qualitative (variant entre 0 et 1) du développement moyen d'un pays en fonction de la richesse (PIB/hab), de la santé (espérance de vie à la naissance) et de l'éducation (nombre d'années de scolarisation pour un adulte de 25 ans).

Inégalités socio-spatiales • différences de richesse et de conditions de vie qui s'inscrivent dans l'espace.

Infrastructures • ensemble des équipements permanents (voies routières, ponts, viaducs) qui permettent le fonctionnement et le développement d'une activité économique.

Investissement direct à l'étranger (IDE) • argent investi par une entreprise pour créer ou racheter une entreprise située dans un autre pays.

Littoralisation • processus de concentration des populations et des activités humaines sur les littoraux.

Métropole • grande ville où sont concentrés les lieux de commandement politique, économique et culturel.

Métropolisation • concentration des populations, des activités et des fonctions de commandement dans les villes.

Mobilité • déplacement d'une ou plusieurs personnes pour des motifs variés (loisirs, travail, études, etc.).

Mobilité pendulaire • déplacement quotidien entre le domicile et le lieu de travail.

Mondialisation • ensemble de relations (économiques, culturelles, etc.) mettant en contact les différents espaces de la planète.

Nouvelles routes de la soie • projet de réseau terrestre et maritime lancé par la Chine dans le but de relier la Chine au reste du monde.

Objectifs de développement durable • désignent les dix-sept objectifs établis par les États membres des Nations unies afin de répondre aux défis mondiaux liés à la pauvreté, aux inégalités, au climat, à la dégradation de l'environnement, à la prospérité, à la paix et à la justice.

Périurbanisation • diffusion de l'urbanisation dans des espaces encore ruraux, liée à l'installation de ménages et d'activités en périphérie.

PMA • pays les moins avancés, pays cumulant de fortes inégalités de développement (économique, politique, alimentaire, santé, éducation, etc.)

Pôle urbain • espace composé d'une ville-centre et de ses banlieues.

Lexique

Recomposition territoriale • transformation d'un espace sous l'impulsion de différents acteurs.

Ressources • élément naturel (ressources énergétiques par exemple) ou matériel qui peut être utilisé par l'homme.

Transition énergétique • la transition énergétique a vocation à mettre en place un nouveau système énergétique durable et privilégie souvent des énergies renouvelables.

Urbanisation • croissance des villes qui gagnent des habitants et s'étendent sur les espaces environnants.

Ville globale • ville qui exerce des fonctions de commandement à l'échelle mondiale et qui est au centre des réseaux et des flux mondiaux (de commerce, d'information, etc.).

Zone économique spéciale • zone franche à l'échelle d'un port, d'un quartier ou d'une ville fonctionnant comme des enclaves économiques ou fiscales.

Zone franche • zone géographique d'un pays présentant des avantages fiscaux pour développer l'activité économique.

EMC

Citoyenneté • fait d'être un citoyen qui dispose de droits et de devoirs.

Cohésion nationale • communauté de valeurs et d'objectifs entre les membres d'un État-nation.

Conscription • recrutement d'une armée basée sur l'appel annuel d'une classe d'âge.

Constitution • ensemble de lois fixant les règles de fonctionnement du pouvoir au sein d'un État.

Coopération • association de personnes ou d'États en vue de défendre des intérêts communs.

Cybersécurité • sécurité informatique destinée à protéger les données des individus, des entreprises et des États.

Défense nationale • protection de la population d'un État contre les menaces et les agressions.

Défenseur des droits • autorité administrative indépendante, créée en France en 2008, chargée de défendre les droits des citoyens face aux administrations.

Démocratie • régime politique dans lequel le pouvoir est exercé par l'ensemble des citoyens de façon directe (démocratie directe) ou indirecte (démocratie représentative).

Dignité • respect dû à chaque individu.

Discrimination • traitement différencié des individus en fonction de leur couleur de peau, leur croyance, leur origine, leur orientation sexuelle, leur genre, etc.

Égalité • valeur considérant les individus sans différence de traitement.

État d'urgence • état d'exception permettant aux autorités politiques de restreindre les libertés individuelles.

Fraternité • valeur établissant un lien solidaire entre chaque citoyen.

Impôt • somme versée à l'État pour assurer les dépenses collectives.

Justice sociale • répartition équilibrée des ressources au sein d'un groupe pour améliorer le bien-être collectif.

Laïcité • attitude de neutralité vis-à-vis des religions : un État laïque ne reconnaît ni ne subventionne aucun culte.

Liberté • possibilité pour un individu d'agir sans contrainte dans différents domaines (liberté de la presse, liberté de réunion, liberté d'opinion, liberté religieuse, etc.).

Politique européenne de sécurité et de défense, PESD (aujourd'hui PSDC) • stratégie de défense et de sécurité commune propre à l'Union européenne.

Sécurité • actions et moyens permettant de garantir l'absence de périls.

Sécurité sociale • institution française qui vise à protéger les citoyens contre les risques sociaux (maladie, chômage, etc.). Elle fonctionne grâce aux cotisations sociales et assure une redistribution des richesses entre les citoyens par le versement d'aides (chômage, retraites, congés maladies, etc.).

Service national universel • moyen de promotion de la cohésion nationale par la formation à la défense et à la préservation de valeurs communes.

Solidarité • sentiment d'appartenance à un groupe qui se caractérise par un soutien et une assistance mutuelle entre les individus.

Souveraineté nationale • indépendance politique d'un État par rapport aux autres États dans l'exercice du pouvoir sur son territoire et sa population.

Suffrage universel • reconnaissance du droit de vote à tous les citoyens.

Terrorisme • actes violents destinés à désorganiser une société et répandre la peur.

Crédits

Couverture • Interfoto/Alamy, AKG/ADAGP, Hans Blossey/Alamy, Kharbine-Tapabor, AKG

Début du manuel • 10 AKG, Rabatti & Domingie/AKG, 11 Johnny Miller/MilleFoto, 12 Gamma-Keystone/Getty, Photononstop/Alamy

Histoire thème 1 • 18 AKG, Coll. Galdoc-Grob/Kharbine-Tapabor, 19 Ji-Elle/Wikimedia, Coll. Dixmier/Kharbine-Tapabor, Guise/Wikimedia, 20 Mémoire Vivante Industrielle Vierzon/DR, 21 René Dazy/Bridgeman, AGIP/Bridgeman, 23 Coll. Jonas/Kharbine-Tapabor, 25 Rabatti & Domingie/AKG, 26 Maison Rouge-Musée des vallées cévenoles, 29 Ingeni75/Wikimedia, 33 AKG, 35 AKG/ADAGP, 36 Coll. Dixmier/Kharbine-Tapabor, 38 Agri/Kharbine-Tapabor, 40 La Boîte à Bulles

Histoire thème 2 • 42 Bundesarchiv, Saul Loeb/AFP, 48 AKG, 49 Guise/Wikimedia, Tallandier/Bridgeman, 50 Kharbine-Tapabor, De Agostini Picture Lib./G. Nimatallah/AKG, 55 Serge Klarsfeld/Jean-Luc Pinol/Gérald Foliot/ENS-Lyon/CNRS/Atelier parisien d'urbanisme/IGN, 56 Macesito/Wikimedia, Lucius Castus/Wikimedia, 57 World History Archive/Alamy, Coll. Dixmier/Kharbine-Tapabor, 59 Bridgeman, 61 Roger-Viollet, 62 Stadenn Prod./Manchester Films/Christophel, 63 CPA Media Pte Ltd/Alamy, 64 SyntaxTerror/Wikimedia, Yann/Wikimedia, AKG, Guise/Wikimedia, Coll. IM/Kharbine-Tapabor, 66 Howcheng/Wikimedia, 68 Universal Pictures International France/Christophel, 69 Universal Pictures International France/Christophel

Géographie thème 1 • 78 70 Steve Tulley/Alamy, 74 VJoncheray, 75 Remonter le temps/IGN, 77 Géoportail, 78 Cyril Becquart/Only France/AFP, Werner Lerooy/Shuttersock, AJR_photo/Shutterstock, Angélique Surel/Le Dauphiné/DR, Stephen Fleming/Alamy, 81 Patrick Redon/Red !, 82 Mairie de Langouët, Slavun/Shutterstock, Mairie de Langouët, lever mikaël/Alamy, pixinoo/Shutterstock, Casmaria/Shutterstock, 87 Gerard Julien/AFP, 88 saiko3p/Shutterstock, 92 Philippe Devanne/Shutterstock, 94 Jean-Marc Zaorski/Gamma-Rapho/Getty

Géographie thème 2 • 96 Dave Primov/Shutterstock, dbimages/Alamy, 101 SWAC/Africapolis, 103 Sia Kambou/AFP, 107 Kevin Kallaugher/Cartooning for Peace, 108 XO éditions/DR, 111 Peter Forsberg/Africa/Alamy, 113 michaeljung/Shutterstock, 118 Wanuri Kahiu, 119 Denis Makarenko/Shutterstock

EMC thème 1 • 120 Photo Josse/Bridgeman, Gerard Julien/AFP, 123 Nicolas Tabary, 124 Gamma-Keystone/Getty, 127 raw stock/Shutterstock, 128 Visuel réalisé dans le cadre des évènements du 75e anniversaire de la Sécurité sociale, sous coordination de l'École nationale supérieure de Sécurité sociale (EN3S). Conception : agence Chromatiques, 131 LADAPT, 133 Ministère du Travail/DR, 134 André-Philippe Côté

EMC thème 2 • 136 Kiran Ridley/Getty, 138 Deligne/Iconovox, 139 Ministère des Armées/DR, 140 Miguel Medina/AFP, 143 Miss Lilou, 144 Frederick Florin/AFP, 145 Ixène, 146 Martin Vidberg, 147 Francois-Xavier Chenevat/ANSSI, 149 Plantu/Le Monde, 150 Frédéric Vielcanet/Alamy

Direction éditoriale : Anne Weiss.

Assistantes éditoriales : Mélina Boyer et Clara Voutaz.

Maquette : Alejandra Adeikalam, Joëlle Dutreilly, Julie Meister, avec la participation de Chloé-Van Santy et de Marlène Zablocki.

Mise en page et infographies : Chloé-Van Santy, avec la participation de Sophie Girard, Alexia Vicente et Marlène Zablocki.

Cartographie : Carl Voyer.

Iconographie : Mélina Boyer, avec la participation de Pauline Moureaud.

Couverture : Carine André et Alejandra Adeikalam.

Retouches photo : Anaëlle Dos Santos.

Relecture : Hélène de Peufeilhoux et Stéphanie Hourcade.

Avec la participation de : Émilie Blanchard, Mellie Chapatte, Guillaume Dervieux, Jessica Dubuisson, Raphaël Taieb et Clément Teyssier.

Remerciements : Thomas Schell et Joséphine Schell.

Dépôt légal : mai 2021.

ISBN : 978-2-37760-934-5

Imprimé en France par BLG.

Lelivrescolaire.fr Éditions
14 rue Rhin et Danube
69009 Lyon
contact@lelivrescolaire.fr